SOMMAIRE

JEUX et PROJETS

LANGUE et LITTÉRATURE

1

FRANÇAISES

PROJETS MONTESSORI EN GOUACHE ET AQUARELLE

STRATÉGIES ET ANALYSE

DIDACTIQUE DU ROMAN, THÉÂTRE, POÉSIE, HISTOIRE ET GRAMMAIRE. TEXTES ET EXTRAITS

3

6

7

8

Kayla Benzakour Neris-PhD

Professeur Certifiée des Écoles-MSPCII

TABLEAU DES INDICES

- Elles sont utilisées comme matériel de construction des habitations.
- Elles sont oranges.

I B R S U Q E

LE JEU D´ITINÉRAIRE ORTHOGRAPHIQUE FLÉCHÉ

Mot en 7 lettres:

B	R	I	Q	U	E	S

Niveau Avancé Adolescents et Adultes

Didactique Américaine

ASTUCES, JEUX ET PROJETS

Français Langue Seconde

INTERNATIONAL

TEXTES LITTÉRAIRES

Jeux et projets. Didactique de langue et littérature françaises: Stratégies et Analyse

Kayla Benzakour Neris

1ª Edição

1ª tiragem - julho de 2021

Edição:
Fontenele Publicações

Revisão:
A autora

Diagramação:
Cristiano Marques

Capa:
Ingo Berelli

ISBN - 978-65-5871-050-9

CIP - (Cataloguing-in-Publication) - Brasil - Catalogação na Publicação
Ficha Catalográfica feita na editora

Neris, Kayla Benzakour

Jeux et projets / Didactique de langue et littérature françaises: Stratégies et Analyse / Kayla Benzakour Neris. 1 ed. São Paulo: Fontenele Publicações, 2021.

216 p. ; 21 cm (broch.) ;

ISBN 978-65-5871-050-9

CDD 440

Índice para catálogo sistemático
1. Estudo da língua francesa. I. Título

Fontenele Publicações
Rua Andaraí, 910 - Vila Maria - São Paulo-SP - CEP: 02.117-001
WhatsApp: 11 9-8635-8887
São Paulo: 11 4113-1346
contato@fontenelepublicacoes.com.br

JEUX ET PROJETS LANGUE ET LITTÉRATURE FRANÇAISES

KAYLA BENZAKOUR NERIS

À l´encontre du nombre illimité des ouvrages de la didactique des langues vivantes, ce livre adresse un volet qui fait défaut à l´ensemble des manuels du cours de français, notamment une didactique inspirée de la théorie de l´apprentissage par jeux mais aussi de production d´écrits créatifs ayant comme base les oeuvres d´auteurs illustres de la littérature française comme Gustave Flaubert, LaRochefoucauld, Mme de Sévigné, Benjamin Constant pour ne citer que quelques uns. Notre psychopédagogie s´éloigne du mode Q&R et s´approche plus d´une psychologie cognitive éducationnelle qui prend en compte les étapes latentes du processus cognitif de l´étudiant de langue seconde ou première. Les activités du livre appellent l´étudiant à identifier, assimiler, sélectionner, classer, résoudre des problèmes, et appliquer les règles et concepts.

Les professeurs comme les étudiants peuvent faire, refaire et même reproduire les activités de cet ouvrage interminablement. Certains secrets du métier sur l´analyse poétique, sémantique et théâtrale sont révélés à l´étudiant comme au professeur. Jeux et stratégies socio-culturels de l´apprentissage du français comme langue d´expression mais aussi d´écriture s´inscrivent dans une longue trajectoire professionnelle aux États-Unis et au Brésil conjuguée de contact culturel et éducationnel français et francophones.

Dédicace

Je dédie ce livre aux membres de ma famille qui ont rendu propices les circonstances de la publication de ce livre. À mes collègues auteurs et autrices qui m´ont inspiré à faire de la recherche et de l´édition un mode de vie.

AVANT-PROPOS

- PUBLICS ET OBJECTIFS GÉNÉRAUX
- Ce livre Jeux et Projets: Langue et Littérature Françaises s´adresse aux professeurs de langue française langue première et langue seconde. Les professeurs peuvent l´indiquer comme manuel de support aux étudiants comme il contient des explications édifiantes accompagnées d´activités qui visent à expliquer quelques concepts fondamentaux de la littérature et de la grammaire en théorie mais certainement en pratique ludique du linguistique et du littéraire. En l´utilisant, les professeurs et les étudiants parviennent à un classement de synthèse des composants de la grammaire et littérature françaises.
- L´acquisition de connaissances et de savoir-faire culturels par le biais de projets inspirés de la méthode Montessori et qui ont tous pour fin de faire découvrir la France et les français aux étudiants.
- L´éveil des étudiants aux auteurs de la littérature française puisque la majeure partie des textes cités ont été prélevés des oeuvres de romanciers, poètes et dramaturges français. Le professeur peut suggérer la lecture des oeuvres citées hors du cours.
- Seize unités thématiques, communicatives et créatives-productrices d´écrits.

INTRODUCTION

La taxonomie du Dr. Benjamin Bloom[1], spécialiste de psychologie éducationnelle, a guidé l´élaboration des unités qui ont composé ce livre. La taxonomie de Bloom divise l´apprentissage cognitif en plusieurs couches et processus cognitifs latents à l´étudiant mais conscients du professeur-pédagogue professionnel.

Ainsi, notre livre regorge d´exercices et explications visant l´intégration de la taxonomie de Bloom dans les activités qui font l´ensemble de cet ouvrage. Il comprend des processus cognitifs qui renvoient le professeur/ l´étudiant à expliquer/assimiler, appliquer, séléctionner, résoudre des problèmes, mémoriser et finalement créer. Les étudiants à problèmes au niveau cognitif rencontrent des difficultés lors de la réalisation d´un des niveaux cognitifs établis par Bloom et approuvés à l´échelle de l´éducation nationale et internationale, et sont envoyés au psycho-pédagogue pour plus de renfort.

Dans notre ouvrage, à l´encontre du nombre illimité des ouvrages de la didactique des langues vivantes, nous avons choisi de nous concentrer sur un volet qui fait défaut à l´ensemble des manuels du cours de français, notamment une didactique inspirée de la théorie de l´apprentissage par jeux élaborée par:

Landers, R. N., Bauer, Callan, R.C., & Armstrong, M.B. (2015). Psychological theory and the gamification of learning, "Gamification in Education and Business", 165-186.

---

1 Bloom, Benjamin. Taxonomy of Educational Objectives : The Classification of Educational Goals, New York, Longmans, Green, 1956

Notre ouvrage comprend des jeux de dés, des jeux de cartes, des jeux de plateau, des mots mêlés, des charades, des nuages de mots, des messages codés, des mots croisés, des jeux de carré, des jeux de trajet fléché, des jeux de coloriage, des jeux de séquence, des jeux de classification, des jeux de théâtre, des jeux d´intrus, des jeux à trous, des jeux d´erreurs, des jeux de loto, et des jeux de mémoire, ect.

Ce sont des jeux culturels français très peu connus dans d´autres pays francophones où le français est parlé ou enseigné. Le professeur peut les utiliser et en inventer d´autres interminablement.

Notre ouvrage s´inscrit dans le cadre d´une psychopédagogie du conditionnement du comportement et de l´apprentissage de l´étudiant. Dans une classe de didactique du français comme langue seconde ou première, les jeux conditionnent le cerveau de l´étudiant à faire une association positive entre le contenu abstrait et nécessairement compliqué de la matière étudiée et son application de manière moins menaçante venant ainsi réduire la conscience appréhensive de parler une langue autre que la langue maternelle et diminuer le risque de se démotiver. Les études et recherches en domaine de jeux en apprentissage ont démontré une influence notable sur le comportement et la motivation des étudiants et du professeur qui ajuste son enseignement au développement cognitif et au style d´apprentissage des enfants par le jeu social, éducatif et psychomoteur.

UNITÉ 1

Poésie et activités

Les acrostiches

Fiel

Intense

Gai

Amoureux

Riche

Orgueilleux

Voilà un acrostiche du prénom de Figaro, le personnage principal de la pièce de Pierre-Augustin de Beaumarchais, Le Mariage de Figaro[2], 1784.

Les acrostiches avant d´être un jeu de mots sont véritablement un genre de poème qui rime. Les poèmes acrostiches sont des poèmes qui utilisent des mots, des noms propres ou même des phrases alignées verticalement pour envoyer un message caché dans le poème. Outre les figures de style qu´un poème utilise comme les allitérations, les métaphores, les comparaisons, les rimes croisées, riches ou pauvres, les poèmes acrostiches utilisent ces messages cachés verticalement. La phrase ou le message caché contenu dans le poème acrostiche n´est vraiment pas lu. Les acrostiches permettent de voir un mot, un nom

2 Beaumarchais, Pierre Augustin Caron, le Mariage de Figaro, Ed. Bordas, Paris, 1784

propre, une phrase sans la dire vraiment. Elle fait partie d´un texte écrit à message caché que deux amoureux peuvent s´échanger pour se courtiser ou se chamailler.

Les poèmes acrostiches sont un bon exercice de langue dans les classes de français comme langue secondaire ou même dans les classes d´immersion. Les étudiants font un exercice de style où ils combinent grammaire, figures de style et contenu. C´est aussi une occasion de parler de la poésie et des **poètes.**

Alfred de Musset envoya à George Sand ce poème qui est un acrostiche selon certains:

Quand je mets à vos pieds un éternel hommage
Voulez-vous qu'un instant je change de visage?
Vous avez capturé les sentiments d'un cœur
Que pour vous adorer forma le Créateur.
Je vous chéris, amour, et ma plume en délire
Couche sur le papier ce que je n'ose dire.
Avec soin, de mes vers lisez les premiers mots
Vous saurez quel remède apporter à mes maux.

George Sand répondit:

Cette insigne faveur que votre cœur réclame
Nuit à ma renommée et répugne à mon âme.

Ou

Cette insigne faveur que votre cœur réclame
Nuit peut-être à l'honneur mais répond à ma flamme

Il existe différentes formes d'acrostiches, suivant la place des lettres choisies:

- Si les lettres initiales suivent l'ordre de l'alphabet, on parle d'abécédaire.

- Le mésostiche (du grec mesos, "milieu") concerne les lettres médianes du poème formant un mot.

- Le téléstiche (du grec telos, «fin») met en relief les lettres finales du poème et forme donc un mot, généralement lues de bas en haut.

- L'acroteleuton (du grec têleutê, "fin") combine l'acrostiche et le télestiche.

Ainsi Figaro[3] se chamaillant tendrement avec sa bien-aimée Suzanne lui écrit ce petit texte en acrostiche contenu à la deuxième strophe:

Hé bien! Amour, es-tu contente?
On est à l´abri de ta rivale acharnée,
Ma furie contre elle s´est envolée
Ma solitude d´homme seul au monde
Enfin résolue!

Vérités et mensonges sont divulgués
Rien n´entrave l´amour
Annonce ta joie
Illimitée!

---

3 Beaumarchais, Pierre Augustin Caron, le Mariage de Figaro, Ed. Bordas, Paris, 1784

Voilà des poèmes de poètes célèbres qui ont utilisé l´acrostiche pour signer leurs noms:

- Acrostiche avec le nom du poète: Victor Hugo[4]

***Les larmes du poète* de Victor Hugo**

Vois cet homme là-bas, tout au bout du chemin.
Il va, le dos courbé, dans sa marche muette,
Cueillant quelques houx verts, qu'il posera demain,
Tendrement, sur la pierre habillant la couchette
Où, dans l'aube et le froid qu'enveloppe un chagrin,
Repose son enfant, que la mort seule, apprête.

Hier c'était la vie, aujourd'hui le néant.
Un abîme profond que le père rejette.

Grande en est la douleur au coeur brisé, béant
Où viendront se poser les larmes du poète.

4 Hugo, Victor. Les Contemplations, "Les Larmes du Poète", Gallimard: Paris, 1856

- Acrostiche avec le nom du poète Charles Baudelaire[5]:

***Le spleen du poète* de Charles Baudelaire**

Ce mal, profond en toi, délivre son venin,
Héritage cruel d'une vie affligeante,
Au bout d'une beauté d'éternel féminin,
Rongeant toujours ton corps en ta lutte incessante.

Les fleurs du mal seront, en ton coeur libertin,
Eternelle douleur, passion chancelante,
Sensuelle souffrance au tragique destin.

Bravant les interdits jusqu'au lit du supplice,
Amers sont les plaisirs et les péchés de chair,
Une drogue perverse au fond de ton calice,
Désespoir et révolte en une vie éclair.

Espérance pourtant d'un idéal complice,
Libère tes écrits d'un chant pour l'univers
Aux rêves, dans ton vin, jusqu'au moindre délice.
Incompris, censuré, condamné pour tes vers,
Reconnu seras-tu, dès l'heure salvatrice?
Encor faut-il qu'un dieu te sorte des enfers!

5 Baudelaire, Charles. Les Fleurs du Mal, "Le Spleen du Poète", Gallimard: Paris, 2015

- Acrostiche avec le nom du poète Arthur Rimbaud[6].

<u>Le Poète maudit</u> d´Arthur Rimbaud

Aurai-je assez de mots pour parler du poète
Renonçant à ses vers à trop vouloir partir,
Tourmenté jusqu'à l'âme en y perdant la tête?
Habité par la peur d'un enfer à souffrir.
Un homme en son délire et que l'amour maltraite,
Reprenant un chemin d'errances à venir...

Revient l'aventurier au bout d'une tempête,
Ivre en est le bateau quand, prêt à repartir,
Marseille le reçoit, mais sans gloire et sans fête,
Brûlant de mille maux, ne pouvant en guérir.
Amputé dans sa chair, vient la mort qui l'apprête.
Un nouvel univers encore à conquérir...
Demain, au fond d'un val, dormira le poète.

6 Rimbaud, Arthur. <u>Poésies Complètes</u>, "Le poète maudit , Gallimard: Paris, 1970

ENTRAÎNEZ-VOUS!

Exercice 1:

Création poétique: Exercices sur les poèmes acrostiches

Faites un poème acrostiche de 6 vers sur le soleil de midi

S ....

O ....

L ....

E ....

I ....

L ....

Exercice 2:

Faites un poème acrostiche d´une seule strophe sur l´Aube:

A ....

U ....

B ....

E ....

Exercice 3:

Faites un poème acrostiche de 7 vers sur Le Paradis:

P ....

A ....

R ....

A ....

D ....

I ....

S ....

UNITÉ 2

Jeux poétiques

Rimes, métaphores, allitérations et assonances

La poésie est un art du langage. Elle ne raconte pas d´histoire. Elle chante l´amour, les membres de la famille, la nature, les états d´âmes du poète, le désert, la bien-aimée. Ses thèmes sont variés mais son unité réside dans sa forme canonique faite de règles de versification élaborées par l´école des poètes.

Les poèmes sont faits de vers: des alexandrins, des ennéasyllabes ou ennéamètres, des octosyllabes ou octomètres et ainsi de suite le compte de syllabes peut atteindre jusqu´à 1 syllabe. Un même poème peut-être fait de répétitions d´alexandrins ou de croisement d´alexandrins avec des octomètres. La poésie moderne se veut libre des règles de forme et de vers. La règle des quatrains, des distiques, des séptains, des huitains, des dizains ou encore des tercets font les strophes d´un poème classique qui suit les règles de versification qui correspondent à un jeu de langue que les étudiants s´amusent beaucoup à apprendre.

Un poème qui cherche à produire un rythme musical utilise des effets et des techniques sonores comme les rimes en fin de poème, les allitérations des consonnes qui se répètent tout au long du poème, des assonances qui répètent la même voyelle tout au long du poème, des hiatus qui brisent des sons de voyelles douples comme dans: po/ète ou oe/il.

ENTRAÎNEZ-VOUS!

I. Jeux poétiques de rimes et de catégories grammaticales

Avec les surréalistes et plus tard l´école de l´Oulipo, la poésie a commencé à vouloir s´écarter du dogmatisme de la versification et devenir un exercice de jeu de mots et de figures de styles notamment: métaphores, comparaisons, anaphores, l´hyperbole, des oxymores, des allégories, des personnifications, aphorismes, ect. Nous assistons aussi à la déconstruction de la forme des poèmes qui donne place à des calligrammes sous la forme d´un dessin qui a un rapport avec le sens du texte pour allier l´imagination visuelle à celle du contenu véhiculé par les images, ou des strophes verticales ou hétérométriques en forme de cone. Il faudra préciser que les rimes ont été maintenues par toutes les écoles de poésie, on n´a jamais réellement voulu s´en défaire parce qu´elles font partie intégrante de la musicalité que le poème cherche à reproduire, les figures de styles aussi. Il n´y a que la forme de la strophe et des vers qui ont été déconstruits.

Pour revenir aux rimes que les poètes classiques et modernes ont maintenues dans leurs recueils de poésie, des poètes comme Jacques Prévert, Charles Baudelaire, Victor Hugo, Alphonse de Lamartine, Arthur Rimbaud et autres ont continué à faire des vers et des recueils à rimes.

Ce n´est que plus tard avec les poètes de la modernité comme Appolinaire et le groupe de l´Oulipo que nous assistons à une déconstruction des règles classiques de la poésie et du poème en général dans sa forme en premier et sa structure par la suite.

La versification classique comprend 3 types de rimes:

- **Rimes pauvres**: elles sont constituées d´un seul phonème ou son-voyelle qui se répète entre deux vers ou plus, tout au long des strophes du poème. Ex: mat***in*** et chem***in*** ***(VC)***
- **Rimes suffisantes:** sont constituées de deux phonèmes ou sons communs: brè**ve**/sève ***(VCV)***
- **Rimes riches:** *elles sont constituées de 3 phonèmes ou trois sons à 4 sons. Ce sont des rimes dites parfaites*. ***(CVCV)***

Ex. *i/**mage**/hom/**mage***

- **Rime féminine**: celles qui se terminent avec la voyelle du féminin à savoir: "e"
- **Rime masculine**: celles qui se terminent par une consonne. N´importe laquelle.
- **Rimes embrassées**: ABBA
- **Rimes croisées**: ABAB
- **Rimes suffisantes:** AA BB

Exercice 1: **Jeux poétiques et rimes: Coloriez les compléments de noms que contient le poème. Quelles sont les idées abordées dans le poème?**

Cortège

Un vieillard en or avec une montre en deuil

Un vieillard en or avec une montre en deuil
Une reine de peine avec un homme d'Angleterre

Et des travailleurs de la paix avec des gardiens de la mer

Un hussard de la farce avec un dindon de la mort

Un serpent à café avec un moulin à lunettes

Un chasseur de corde avec Un danseur de têtes

Un maréchal d'écume avec une pipe en retraite

Un chiard en habit noir avec un gentleman au maillot

Un compositeur de potence avec un gibier de musique

Un ramasseur de conscience avec un directeur de mégots

Un repasseur de Coligny avec un amiral de ciseaux

Une petite sœur du Bengale avec un tigre de Saint-Vincent-de-Paul

Un professeur de porcelaine avec un raccommodeur de philosophie

Un contrôleur de la Table Ronde avec des chevaliers dela Compagnie du Gaz de Paris

Un canard à Sainte-Hélène avec un Napoléon à l'orange

Un conservateur de Samothrace avec une Victoire de cimetière

Un remorqueur de famille nombreuse avec un père de haute mer

Un membre de la prostate avec une hypertrophie de l'Académie française

Un gros cheval in partibus avec un grand évêque de cirque

Un contrôleur à la croix de bois avec un petit chanteur d'autobus

Exercice 2: Jeu poétique: Faire un poème-cortège rimé

Un cortège dans son premier sens se dit d´un groupe de personnes qui accompagnent une autre pour lui faire honneur. On parle de cortège de mariage, cortège de chien, cortège de funérailles, ect.

Le poète Jacques Prévert[7] a fait de la signification de ce substantif une forme syntaxique de création poétique. Un cortège poétique serait donc, un ensemble de vers fait de la juxtaposition de noms et de compléments de noms dans le respect des règles de la rime et de la métrique du vers. "Cortège" est un poème à une seule strophe-onzain dont le rythme est rendu par des alexandrins.

En paires, les étudiants travaillent ensemble à faire un poème-cortège en classe. Une classe de 25 étudiants donnerait 12 cortèges qui peuvent être publiés dans le journal du cours en fin de semestre. Ensemble les étudiants, avec l´aide du dictionnaire, forment des expressions composées ou compléments de noms comme: *chemin de fer, plaques de rue, étui à cigarettes, lampe à gaz, verres de contact, un* bâteau à voile, une peur bleue, *un moulin à vents, pommes de terre, un voyage-éclair et la liste est longue.*

Les poèmes-cortèges composés doivent avoir des rimes et ne pas dépasser un nevain-9 vers et le choix du rythme métrique est optionnel.

---

7 Prévert, Jacques. Les Paroles. "Cortège", Folio: Paris, 2016

Le poème-cortège rimé:

Exercice 3: Faites des rimes riches croisées (CVCV) des mots donnés, ce serait l´équivalent de 4 rimes:

1. **Pure**

- ____
- ____
- ____
- ____

2. **Peine**

- ____
- ____
- ____
- ____

3. **Lourds**

- ____
- ____
- ____
- ____

Exercice 4:. **Poèmes, rimes et jeux grammaticaux**

Certains poètes recourent aux phrases interrogatives pour faire des vers et des poèmes. Les interrogatives sont des interrogations spécifiques utilisant des adverbes d´interrogation comme: quand, quel, comment, où, pourquoi, ect.

LE POÈTE

Pourquoi mon coeur bat-il si vite ?
Qu'ai-je donc en moi qui s'agite
Dont je me sens épouvanté ?
Ne frappe-t-on pas à ma porte ?
Pourquoi ma lampe à demi morte
M'éblouit-elle de clarté ?
Dieu puissant ! tout mon corps frissonne.
Qui vient ? qui m'appelle ? - Personne.
Je suis seul; c'est l'heure qui sonne ;
Ô solitude ! ô pauvreté !

Alfred de Musset, "La nuit de mai"

Voilà un poème fait de dialogue entre le poète et sa muse. Ce dialogue est fait de questionnement et le poète le fait en utilisant une succession de phrases interrogatives rimées. D´autres poètes recourent aux phrases interrogatives pour parler de leur tumulte interne comme

Charles Baudelaire et Alfonse de Lamartine. Les thèmes récurrents des poèmes sont: la fille perdue du poète, un navire en plein mer, description d´un mendient, la bien-aimée chantée, voyage entrepris, mort, rêve et rêverie, solitude, mélancolie, idéal et paradis, l´art de la poésie, ect.

Exercice 5: Faites deux quatrains. Le premier quatrain à la forme de phrases interrogatives rimées et le deuxième quatrain en forme de réponses rimées.

Exercice 6: Poème à phrases exclamatives rimées

La phrase exclamative est la phrase la plus expressive d´émotions possibles. On peut utiliser des exclamations pour exprimer la surprise, le dédain, la joie, l´état de santé, la nostalgie, la frustration, la peur, ect. Elle commence aussi par des adverbes comme: que, quel; mais ce n´est pas une obligation pourvu que le poète exprime une émotion forte. Les thèmes récurrents des poèmes sont: la fille perdue du poète, un navire en plein mer, description d´un mendient, la bien-aimée chantée, voyage entrepris, mort, rêve et rêverie, solitude, mélancolie, ideal et paradis, l´art de la poèsie, ect.

Voilà un poème de Charles Baudelaire, Harmonie du soir[8] où il utilize 5 phrases exclamatives:

Harmonie du soir

Voici venir les temps où vibrant sur sa tige
Chaque fleur s'évapore ainsi qu'un encensoir ;
Les sons et les parfums tournent dans l'air du soir ;
Valse mélancolique et langoureux vertige !

Chaque fleur s'évapore ainsi qu'un encensoir ;
Le violon frémit comme un cœur qu'on afflige ;
Valse mélancolique et langoureux vertige !
Le ciel est triste et beau comme un grand reposoir.

Le violon frémit comme un cœur qu'on afflige,
Un cœur tendre, qui hait le néant vaste et noir !
Le ciel est triste et beau comme un grand reposoir ;
Le soleil s'est noyé dans son sang qui se fige.

Un cœur tendre, qui hait le néant vaste et noir,
Du passé lumineux recueille tout vestige !
Le soleil s'est noyé dans son sang qui se fige...
Ton souvenir en moi luit comme un ostensoir !

Charles Baudelaire

Les Fleurs du mal - Spleen et Idéal

8 Baudelaire, Charles. Les Fleurs du Mal, "Harmonie du Soir", Gallimard: Paris, 2015

Exercice 7: <u>Jeu poétique</u>: Faites un douzain où vous intercalez des phases déclaratives et des phrases exclamatives.

II. Jeu poétique: allitérations, assonances, métaphores et rimes

Tout écrivain ou poète qui recourt au langage figuré pour exprimer ses idées témoigne d´un esprit qui s´éloigne de l´expression simple et commune sans l´établissement de liens entre les signifiants et leurs signifiés. L´usage rhétorique de la figure de métaphore établit un rapport de similarité ou de ressemblance entre deux choses, deux individus, deux actions, deux états, deux espaces, deux éléments de la nature. Cette similarité peut-être proche du réel, une similarité qui se révéle sans trop de recherche ou une similarité plus exigente d´un effort cognitif plus illuminé. L´école des poètes symbolistes rompt avec la vieillerie poétique. Faire des poèmes devient un exercice de voyance illuminée, le poète ne compose ses poèmes qu´en état d´hallucinations générées par l´opium, le poète adopte comme méthode le libre-cours des sens au lieu de les tenir en bride. Cet état d´hallucination donne occasion à une poésie symboliste et surréaliste faites d´images fulgurantes, de rythme poétique fait d´assonances entre voyelles répétées tout au long du recueil poétique et des rimes ponctuant les poèmes des poètes.

Mallarmé était membre de l´école surréaliste qui a rompu avec l´école de la poésie romantique nostalgique et classique. Sa poésie propose du renouveau avec le travail plus notable de la langue comme outil de la stylistique et de la sémantique. Les poètes explorent plus les figures de style et se libèrent des contraintes de la forme. Un poème peut avoir 10 lignes de suite et ne suit plus les règles des strophes à 4 vers ou celle des sonnets. La forme du poème devient verticale, circulaire, volante forçant le mouvement oculaire vers l´extérieur pour se détacher du moi du poète et de sa biographie. Nous avons désormais des poèmes qui attirent l´attention par leurs prouesses syntaxiques, stylistiques et formelles. Le poème comme porteur de message passe de côté et le temps que le critique passe à déchiffrer les formes et les figures est devenu plus importante que ce que le poète veut nous conter.

Explications et relevé des métaphores

Voilà un poème de Stéphane Mallarmé intitulé: "Aumône" suivi d´une explication guidée des métaphores contenues dans le poème et qui servira comme guide aux étudiants dans les activités ultérieures présentes dans ce livre ou dans leur Manuel de classe.

Prends ce sac, Mendiant! tu ne le cajolas
Sénile nourrisson d'une tétine avare
Afin de pièce à pièce en égoutter ton glas.

Tire du métal cher quelque péché bizarre
Et vaste comme nous, les poings pleins, le baisons
Souffles-y qu'il se torde! une ardente fanfare.

Église avec l'encens que toutes ces maisons
Sur les murs quand berceur d'une bleue éclaircie
Le tabac sans parler roule les oraisons,

Et l'opium puissant brise la pharmacie !
Robes et peau, veux-tu lacérer le satin
Et boire en la salive heureuse l'inertie,

Par les cafés princiers attendre le matin ?
Les plafonds enrichis de nymphes et de voiles,
On jette, au mendiant de la vitre, un festin.

Et quand tu sors, vieux dieu, grelottant sous tes toiles
D'emballage, l'aurore est un lac de vin d'or
Et tu jures avoir au gosier les étoiles!

Faute de supputer l'éclat de ton trésor,
Tu peux du moins t'orner d'une plume à complies
Servir un cierge au saint en qui tu crois encore.

Ne t'imagine pas que je dis des folies.
La terre s'ouvre vieille à qui crève la faim.
Je hais une autre aumône et veux que tu m'oublies
Et surtout ne va pas, frère, acheter du pain.
(Stéphane Mallarmé, Poésies, "Aumône")

EXERCICE 1: <u>Relevé des métaphores</u>

Métaphore 1. Avoir au gosier les étoiles

Le poète compare la lumière des étoiles à l´effet du vin blanc sur son gosier et plus tard sur sa plume et son humeur en général. Le comparé c´est le gosier, le comparant c´est le vin et le lien de similitude: la lumière des étoiles, la clarté d´esprit tant recherchées par le poète surréaliste lors de son écriture.

<u>Métaphore 2</u>: Éclat de ton trésor

Le comparé: Le trésor

Le comparant: L´éclat

Le lien de similitude: La lumière

<u>Métaphore 3</u>: Robes et peau, veux-tu lacérer le satin

Le comparé: Peau

Le comparant: Le satin

Le lien de similitude: Robes

<u>Métaphore 4</u>:

Église avec l›encens que toutes ces maisons

Sur les murs quand berceur d'une bleue éclaircie

Le tabac sans parler roule les oraisons,

et l'opium puissant brise la pharmacie !

Le comparé: L´encens

Les comparants: le tabac, l´opium

Le lien de similitude: bleue éclaircies des oraisons vers le ciel ressemblent à la fumée de l´opium, de l´encens et du tabac

EXERCICE 2: Les allitérations dans le poème:

Explication Guidée:

La musicalité du poème est rendue par la répétition tout au long du poème des phonèmes /s/, /C/ et /Z/.

Le poète a utilisé 13 mots contenant le phonème /S/, 8 mots avec le phonème /C/ et 4 syllabes avec le son "zon".

Le Pont Mirabeau de Guillame Appolinaire[9]

Sous le pont Mirabeau coule la Seine
Et nos amours
Faut-il qu'il m'en souvienne
La joie venait toujours après la peine

Vienne la nuit sonne l'heure
Les jours s'en vont je demeure

Les mains dans les mains restons face à face
Tandis que sous
Le pont de nos bras passe
Des éternels regards l'onde si lasse

Vienne la nuit sonne l'heure
Les jours s'en vont je demeure

L'amour s'en va comme cette eau courant
L'amour s'en va
Comme la vie est lente
Et comme l'Espérance est violente

Vienne la nuit sonne l'heure
Les jours s'en vont je demeure

9 Appolinaire, Guillaume. Alcools, "Le Pont Mirabeau", Gallimard: Paris, 1970

Passent les jours et passent les semaines
Ni temps passé
Ni les amours reviennent
Sous le pont Mirabeau coule la Seine

Vienne la nuit sonne l'heure
Les jours s'en vont je demeure

Ces assonances reproduisent la douleur de la perte de l´amour et le passage irréversible du temps.

***<u>Relevé des assonances</u>**: 14 assonances en son vocalique /ou/ : coule, jours, amours, souvienne, toujours, sous,...*

9 assonances en son vocalique /on/ : s´en vont, s´en va, pont...

3 assonances en son vocalique /en/ : vienne, ...

Métaphores dans le poème:

Métaphore 1:

<u>Le comparé</u> est la seine

<u>Le comparant</u>: l´amour

<u>Le lien de similitude</u>: les deux coulent

Métaphore 2:

<u>Le comparé</u>: le pont Mirabeau

<u>Le comparant</u>: le pont des bras

<u>Le lien de similitude</u>: Passer des éternels regards

Métaphore 3:

<u>Le comparé</u>: l´eau courante

<u>Le comparant</u>: L´amour

<u>Le lien de similitude</u>: s´en aller

Exercice 3: Jeu poétique:

Faites des vers avec des métaphores utilisant le comparé et le comparant donnés et utilisez 3 allitérations et 3 assonances à chaque fois:

Deux vers en assonances et allitérations:

1. Le comparé: Cahier

   Le comparant: Vie

Deux vers en assonances et allitérations:

- ____
- ____

2. Le comparé: Automne

   Le comparant: Hiver

Deux vers en assonances et allitérations:

- ____
- ____

3. Le comparé: Cou

   Le comparant: Oeil de boeuf

Deux vers en assonances et allitérations:

- ____
- ____

4. Le comparé: Esclave

   Le comparant: Chaîne

<u>Deux vers en assonances et allitérations</u>:

- ____
- ____

5. Le comparé: Ailes

   Le comparant: Oiseaux

<u>Deux vers en assonances et allitérations</u>:

- ____
- ____

6. Le comparé: Horloge

   Le comparant: Corps

<u>Deux vers en assonances et allitérations</u>:

- ____
- ____

Exercice 4: Coloriez en bleu les assonances et les allitérations dans le poème d´Arthur Rimbaud:

Les Chercheuses de poux[10]

Quand le front de l'enfant, plein de rouges tourmentes,
Implore l'essaim blanc des rêves indistincts,
Il vient près de son lit deux grandes sœurs charmantes
Avec de frêles doigts aux ongles argentins.

Elles assoient l'enfant devant une croisée
Grande ouverte où l'air bleu baigne un fouillis de fleurs,
Et dans ses lourds cheveux où tombe la rosée
Promènent leurs doigts fins, terribles et charmeurs.

Il écoute chanter leurs haleines craintives
Qui fleurent de longs miels végétaux et rosés,

Et qu'interrompt parfois un sifflement, salives
Reprises sur la lèvre ou désirs de baisers.

Il entend leurs cils noirs battant sous les silences
Parfumés ; et leurs doigts électriques et doux

Sous leurs ongles royaux la mort des petits poux

Voilà que monte en lui le vin de la Paresse,
Soupir d'harmonica qui pourrait délirer ;
L'enfant se sent, selon la lenteur des caresses,
Sourdre et mourir sans cesse un désir de pleurer.

10 Rimbaud, Arthur. Poésies Complètes, "Les chercheuses de poux", Gallimard: Paris, 1970

UNITÉ 3

Le Jeu de l´oie

Le jeu de l´oie est un jeu de société, ce qui veut dire que l´on peut le jouer à deux, à trois ou à plusieurs personnes. C´est un jeu non pas de motricité physique mais qui fait appel à la réflexion et à des connaissances cognitives. De par le jeu, l´étudiant de la classe de langue a l´occasion de parler la langue secondaire avec moins d´appréhension et moins de conscience négative qui bloque. Jouant à plusieurs reprises, l´étudiant utilisant la langue en jeu parvient à développer une conscience plus positive de son expérience dans la classe de langue. Le jeu de l´oie blanche utilise un plateau et des pions et suit un parcours du début jusqu´à la case finale.

Pourquoi ce jeu utilise l´image d´un oiseau blanc?

On sait que les oies, dû au changement de température entre l´hiver et l´été, elles migrent. Leurs parcours est semé de dangers et de périls comme le parcours du joueur qui se mouvementant de case en case, il peut perdre.

Le parcours du jeu dans sa version traditionnelle est une spirale de cases numérotées de 1 à 63. Ici nous avons réduit le parcous à 27, de l'extérieur vers l'intérieur. Le premier joueur se place sur la case départ, lance les dès et avance son jeton d'un nombre de cases égal au nombre de points obtenus. Les autres joueurs suivent dans l'ordre requis.

Le but du jeu consiste à parcourir la spirale et ses cases bénéfiques pour avancer plus vite, ou hasardeuses si on tombe sur une oie et donc rétrograder à la case où est arrêté le partenaire du jeu. Le joueur qui, se mouvementant atteint la dernière case a gagné.

Le jeu est réparti en cases qui renferment des oies, une prison, une figure de la mort, un nuage et un labyrinthe qui font le joueur rétrograder à la case où est arrêté le partenaire et ainsi de suite.

Dans la classe de langue, le jeu de l´oie peut-être utilisé pour tester les connaissances sur plusieurs thèmes du programme scolaire. Les lundis c´est le jour du jeu de l´oie dans la classe de français. En voilà 4 tableaux de jeux relationnés aux thèmes des unités étudiées, mais le professeur peut en créer d´autres sur d´autres thématiques:

1. Jeu de l´oie sur les questions possibles lors d´un entretien d´embauche.
2. Jeu de l´oie sur la phonétique et la prononciation du français.
3. Jeu de l´oie sur la conjugaison des verbes irréguliers.
4. Jeu de l´oie sur les expressions idiomatiques.

JEU DE L´OIE

Départ

1. Votre Nom

2. Nom du conjoint

3. Années d´expérience

4. 

5. Téléconférence

6. Courriel

7. Congé de maternité

8. Âge de la retraite

9. 

10. Poste de responsabilité

11. La matrice

12. Disponibilité en fin de semaine

13. Horraires du travail

14. 

15. Enfants?

16. Adresse

17. Contrats de travail

18. Retraite

19. Bénéfices

20. Assedic

21. ANPE

22. Courriel

23. SMIC

24. Succursale

25. D.R.H

26. Assurance Médicale

27. Formation continue

ARRIVÉE

Les entretiens d´embauche

JEU DE L´OIE

DÉPART

1. Blanc

2. Doux

3. Blond

4. 

5. Brun

6. Le puits

7. Vêtements

8. Prix

9. Dés

10. Hyper isolé

11. Oisive

12. Faux

13. 

14. C´est absurde

15. Tôt

16. Douce

17. Mort

18. Bêtises

19. Dessiner

20. Énervé

21. 

22. Énervé

23. Nuages

24. 

ARRIVÉE

Prononciation: consonnes finales

JEU DE L´OIE

Verbes irréguliers au passé composé

- DÉPART
- 1. Elle (avoir)
- 2. Nous (aller)
- 3. Vous (prendre)
- 4. Elle (faire)
- 5. 
- 6. Il (peindre)
- 7. Tom et Alex (Lire)
- 8. 
- 9. Léa (lire)
- 10. Je (rire)
- 11. Sophie (savoir)
- 12. Pierre (perdre)
- 13. Je (manger)
- 14. 
- 15. Il (pleuvoi)
- 16. 
- 17. Tu (parler)
- 18. Je (tenir)
- 19. Nous (conduire)
- 20. Tu (conclure)
- 21. Elles (fuir)
- 22. Vous (hair)
- 18. Elle (craindre)
- 19. Tu (ne pas comprendre)
- 20. 
- 21. Brian (écrire)
- ARRIVÉE

JEU DE L´OIE

DÉPART

1. Tant pis!
2. 
3. Être de bon poil.
4. Être à côté de la plaque.
5. Muet comme une tombe.
6. Motus et bouche cousus.
7. En revanche.
8. 
9. Faire des folies
10. Fais gaffe!
11. À la sienne!
12. Je m´en fiche!
13. Tu rigoles.
14. 
15. Ça marche!
16. Un doigt de porto.
17. 
18. Avoir la gueule de bois.
19. 
20. Filer à l´anglaise.
21. Passer du coq à l´âne.
22. Ringard.
23. Avoir la pêche.

ARRIVÉE

Les expressions idiomatiques

UNITÉ 4

Identification et théâtralisation

Nos intéractions dans le réel ressemblent à des scènettes jouées au théâtre. Quelques unes sont brèves, d´autres durent plus longtemps. Mais on finit toujours par descendre de scène. Le théâtre comme discipline pédagogique dans la classe de français comme langue première ou seconde sert d´outil pour approximer les membres du groupe et créer une cohésion entre eux. L´apprentissage et l´exercice de la langue devient moins solitaire et le jeu de miroir des difficultés ou des prouesses de soi et de l´autre sont mis en scène et présentées de manière moins dramatique mais plutôt comme un jeu où l´on s´essaie et qu´on apprend gagnant et perdant des fois.

Lors de l´activité théâtrale, les étudiants sont dans une immersion totale dans la langue étrangère ou même première. Lors de ces activités, les étudiants travaillent leurs gestuelles et sont mis conscients des mouvements de leurs corps sur scène et dans le réel aussi. Ils sont rendus conscients de leurs grimaces, sourires, voix, intonations et bien sûr de la langue qu´ils parlent. Ils apprennent aussi à écouter l´autre, à lui prêter plus attention quand il a la parole et à interagir avec lui en fonction de tout celà.

L´enseignant de langue ne doit en aucun cas mettre en doute le bénéfice que les activités théâtrales ajoutent à son cours. Elles permettent de dynamiser le groupe et à donner un ton plus proche du réel au contenu du cours, rassemblant dans un tout parfait langue, grammaire, contenu et bien sûr la transmission d´un message entre un émetteur et un récepteur.

Pour jouer des scénettes en classe, il faudra identifier l´espace scénique et le nombre de participants. Le professeur peut choisir de situer l´espace scénique devant le tableau en réarrangeant des rangées de chaises pour les spectateurs. Le nombre des acteurs, pour sa part, ne peut dépasser 5 personnes. Selon la scène que l´on joue, l´espace scénique est aménagé de manière à reproduire le lieu de la scène. Comme les étudiants répètent en classe, on met une table et des chaises. Du point de vue technique, on pourrait avoir besoin d´un lecteur audio et des CD de musique ainsi que d´une caméra pour filmer les répétitions.

La répétition du texte:

Dans un premier temps, les étudiants se réunissent pour parler de leurs rôles individuels, du lieu de la scène et de la gestuelle qui accompagne le rôle qu´ils interprètent. Il est difficile pour un étudiant avec un niveau débutant en classe de langue de ne pas mémoriser texto son texte. Il lui est même difficile de le simplifier mais au fur et à mesure que son niveau devient plus avancé, l´étudiant se voit capable d´improviser son rôle tout en restant fidèle au texte et bien sûr continuer à l´écoute de son partenaire de scène.

L´identification comme jeu théâtral:

L´identification peut être effrayante dans l´expérience de la lecture ou celle du spectateur. Il est tout à fait normal que le lecteur ou le spectateur se retrouve ou retrouve des éléments de sa vie personnelle dans l´oeuvre qu´il lit ou la pièce de théâtre qu´il est allé voir. La proposition du roman et du théâtre est justement celle de représenter et de retranscrire le réel des spécimens de la réalité. Dans la classe de langue, le professeur pourrait apporter au réel des étudiants les personnages de telle ou telle pièce de théâtre qui semble plus proche de qui ils sont. Les étudiants peuvent s´habiller comme le personnage qu´ils ont choisi et notamment interpréter son rôle et les émotions qu´il vit dans la pièce. Comme le temps ne le permet pas en salle de cours, le professeur peut choisir un chapitre clé de quelques pièces théâtrales et faire les étudiants répéter les scènes de tel ou tel chapitre. Le choix des pièces théâtrales est fait en fonction du niveau des étudiants. On choisira notamment des pièces écrites par des dramaturges modernes présentés en bas.

Le projet théâtral:

Les étudiants vont faire la mise en scène d´une scène sélectionnée par le professeur. Le professeur répartira les tâches et les rôles. La scénographie et le décor sont organisés par tout le groupe. Un canapé, un fauteuil ou des chaises. Les costumes sont optionnels comme c´est juste un projet pour clore une unité du cours. Les éléments sonores de la scénette à jouer sont décidés par le groupe notamment la musique, les bruits et les effets de lumière. Les répétitions du texte se font ensemble et à la maison. Les étudiants ont à mémoriser leurs rôles respectifs et même à improviser le contenu de leurs répliques. Lors des répétitions les participants peuvent avoir le texte en mains jusqu´à se sentir plus confortable. Les répétitions des scènes peuvent être filmées et des corrections peuvent être apportées au placement des étudiants-acteurs, leurs gestuelles. Voici une séléction de scénettes à jouer dans le cours de dramaturges français du XXème siècle notamment Eugène Ionesco[11] avec La Cantatrice Chauve, et Jean Genet[12] avec Le Balcon

ENTRAÎNEZ-VOUS!

Exercice 1: Scénes III et IV de la Cantatrice Chauve

La Cantatrice Chauve est la première pièce de théâtre écrite par Eugène Ionesco. Nous sommes à Londres dans le salon très anglais de M. et de Mme Smith. Il est neuf heures du soir ou n´importe quelle heure. Le couple nous mène à l´absurde: les propos sont incohérents et saugrenus, le comique frôle l´angoisse et le langage perd peu à peu tout contrôle. Eugène Ionesco a reproduit des scènes et des conversations absurdes presque vides de sens et répétitives pour représenter sur scène la faillite spirituelle sur le théâtre, caractéristique du théâtre de l´absurde. Les personnages n´ont presque rien à se raconter, ils parlent pour être drôles et ont des vies similaires, ce qui ajoute à l´ennui du langage et de la conversation qui fait référence à un ennui existentiel et à une déconstruction de la thématique du théâtre dont le sujet devient la parodie de la réalité.

Scènes III et IV de la Cantatrice Chauve de Eugène Ionesco

Mme et M. Smith sortent à droite. Mary ouvre la porte à gauche par laquelle entrent M. et Mme Martin.

SCÈNE III

MARY, LES ÉPOUX MARTIN

MARY

Pourquoi êtes-vous venus si tard! Vous n'êtes pas polis. Il faut venir à l'heure. Compris? Asseyez-vous quand même là, et attendez, maintenant.

---

11 Eugène Ionesco, La Cantatrice Chauve, Gallimard, 2016

12 Jean Genet, Le Balcon, Gallimard, 1979

Elle sort.

SCÈNE IV

LES MÊMES, MOINS MARY

Mme et M. Martin s'assoient l'un en face de l'autre, sans se parler. Ils se sourient, avec timidité.

M. MARTIN *(le dialogue qui suit doit être dit d'une voix traînante, monotone, un peu chantante, nullement nuancée)*

Mes excuses. Madame, mais il me semble, si je ne me trompe, que je vous ai déjà rencontrée quelque part.

Mme MARTIN

A moi aussi, Monsieur, il me semble que je vous ai déjà rencontré quelque part.

M. MARTIN

Ne vous aurais-je pas déjà aperçue, Madame, à Manchester, par hasard ?

Mme MARTIN

C'est très possible. Moi, je suis originaire de la ville de Manchester! Mais je ne me souviens pas très bien, Monsieur, je ne pourrais pas dire si je vous y ai aperçu, ou non!

M. MARTIN

Mon Dieu, comme c'est curieux ! Moi aussi je suis originaire de la ville de Manchester, Madame !

Mme MARTIN

Comme c'est curieux !

M. MARTIN

Comme c'est curieux!... Seulement, moi, Madame, j'ai quitté la ville de Manchester, il y a cinq semaines, environ.

Mme MARTIN

Comme c'est curieux! Quelle bizarre coïncidence! Moi aussi, Monsieur, j'ai quitté la ville de Manchester, il y a cinq semaines, environ.

M. MARTIN

J'ai pris le train d'une demie après huit le matin, qui arrive à Londres à un quart avant cinq, Madame.

Mme MARTIN

Comme c'est curieux ! Comme c'est bizarre ! Et quelle coïncidence ! J'ai pris le même train, Monsieur, moi aussi !

M. MARTIN

Mon Dieu, comme c'est curieux ! Peut-être bien alors, Madame, que je vous ai vue dans le train ?

Mme MARTIN

C'est bien possible, ce n'est pas exclu, c'est plausible et, après tout, pourquoi pas!... Mais je n'en ai aucun souvenir, Monsieur!

M. MARTIN

Je voyageais en deuxième classe, Madame. Il n'y a pas de deuxième classe en Angleterre, mais je voyage quand même en deuxième classe.

Mme MARTIN

Comme c'est bizarre, que c'est curieux, et quelle coïncidence ! Moi aussi.

Monsieur, je voyageais en deuxième classe !

M. MARTIN

Comme c'est curieux ! Nous nous sommes peut-être bien rencontrés en deuxième classe, chère Madame !

Mme MARTIN

La chose est bien possible et ce n'est pas du tout exclu. Mais je ne m'en souviens pas très bien, cher Monsieur !

M. MARTIN

Ma place était dans le wagon n°8, sixième compartiment, Madame !

Mme MARTIN

Comme c'est curieux ! Ma place aussi était dans le wagon n°8, sixième compartiment, cher Monsieur !

M. MARTIN

Comme c'est curieux et quelle coïncidence bizarre ! Peut-être nous sommes-nous rencontrés dans le sixième compartiment, chère Madame ?

Mme MARTIN

C'est bien possible, après tout ! Mais je ne m'en souviens pas, cher Monsieur !

M. MARTIN

A vrai dire, chère Madame, moi non plus je ne m'en souviens pas, mais il est possible que nous nous soyons aperçus là, et si j'y pense bien, la chose me semble même très possible !

Mme MARTIN

Oh ! Vraiment, bien sûr, vraiment, Monsieur !

M. MARTIN

Comme c'est curieux!... J'avais la place n°3, près de la fenêtre, chère Madame.

Mme MARTIN

Oh, mon Dieu, comme c'est curieux et comme c'est bizarre, j'avais la place n°6, près de la fenêtre, en face de vous, cher Monsieur.

M. MARTIN

Oh, mon Dieu, comme c'est curieux et quelle coïncidence !... Nous étions donc vis-à-vis, chère Madame ! C'est là que nous avons dû nous voir !

Mme MARTIN

Comme c'est curieux ! C'est possible mais je ne m'en souviens pas, Monsieur !

M. MARTIN

A vrai dire, chère Madame, moi non plus je ne m'en souviens pas. Cependant, il Est très possible que nous nous soyons vus à cette occasion.

Mme MARTIN

C'est vrai, mais je n'en suis pas sûre du tout, Monsieur.

M. MARTIN

Ce n'était pas vous, chère Madame, la dame qui m'avait prié de mettre sa valise dans le filet et qui ensuite m'a remercié et m'a permis de fumer ?

Mme MARTIN

Mais si, ça devait être moi, Monsieur ! Comme c'est curieux, comme c'est curieux, et quelle coïncidence !

M. MARTIN

Comme c'est curieux, comme c'est bizarre, quelle coïncidence ! Eh bien alors, alors, nous nous sommes peut-être connus à ce moment-là, Madame ?

Mme MARTIN

Comme c'est curieux et quelle coïncidence ! C'est bien possible, cher Monsieur ! Cependant, je ne crois pas m'en souvenir.

M. MARTIN

Moi non plus, Madame.

Un moment de silence. La pendule sonne

(...)

M. MARTIN

J'ai une petite fille, ma petite fille, elle habite avec moi, chère Madame. Elle a deux ans, elle est blonde, elle a un œil blanc et un œil rouge, elle est très jolie, elle s'appelle Alice, chère Madame.

Mme MARTIN

Quelle bizarre coïncidence ! Moi aussi j'ai une petite fille, elle a deux ans, un œil blanc et un œil rouge, elle est très jolie et s'appelle aussi Alice, cher Monsieur !

M. MARTIN, *même voix traînante, monotone.*

Comme c'est curieux et quelle coïncidence ! et bizarre ! c'est peut-être la même, chère Madame !

Mme MARTIN

Comme c'est curieux ! C'est bien possible cher Monsieur.

Un assez long moment de silence... La pendule sonne vingt-neuf fois.

M. MARTIN, *après avoir longuement réfléchi, se lève lentement et, sans se presser, se dirige vers Mme Martin qui, surprise par l'air solennel de M. Martin, s'est levée, elle aussi, tout doucement ; M. Martin a la même voix rare, monotone, vaguement chantante.*

Alors, chère Madame, je crois qu'il n'y a pas de doute, nous nous sommes déjà vus et vous êtes ma propre épouse... Élisabeth, je t'ai retrouvée !

Mme Martin s'approche de M. Martin sans se presser. Ils s'embrassent sans expression. La pendule sonne une fois, très fort. Le coup de la pendule doit être si fort qu'il doit faire sursauter les spectateurs. Les époux Martin ne l'entendent pas.

Mme MARTIN

Donald, c'est toi, Darling !

Ils s'assoient dans le même fauteuil, se tiennent embrassés et s'endorment. La pendule sonne encore plusieurs fois. Mary, sur la pointe des pieds, un doigt sur ses lèvres, entre doucement en scène et s'adresse au public.

Exercice 2

Le Balcon de Jean Genet

Deuxième Scène II:

Le juge, la Voleuse et le Bourreau

"Rallongé par des patins invisibles sous sa robe", le Juge n´est en réalité qu´un client de la "maison d´illusions" venu exercer quelques instants en imagination l´activité d´un juge. L´interrogatoire de la Voleuse avec l´aide du Bourreau a d´abord une valeur symbolique et satirique.

Le Juge, *pressé*: Où? Où? Où? Où? –où? –où? Où es-tu entrée?

La voleuse: Je ne sais plus, pardonnez-moi

Le Bourreau: Je cogne?

Le Juge: Pas encore. (A la Fille.) Où es-tu entrée? Dis-moi où? Où? Où?

La Voleuse, *affolée*: Mais je vous jure, je ne sais plus.

Le Bourreau: Je cogne? Monsieur le Juge, je cogne?

Le Juge, au Bourreau et s´approchant de lui: Ah! Ah! Ton plaisir dépend de moi. Tu aimes cogner, hein? Je t´approuve, Bourreau! Magistral tas de viande, quartier de bidoche qu´une décision de moi fait bouger! Miroir qui me glorifie! Image que je peux toucher, je t´aime. Jamais je n´aurai la force ni l´adresse pour laisser sur son dos des zébrures de feu. D´ailleurs, que pourrais-je faire de tant de force et d´adresse? Tu es là? Tu es là, mon énorme bras, trop lourd pour moi, trop gros, trop gras pour mon épaule et qui marche tout seul à côté de moi! Bras, quintal de viande, sans toi je ne serais rien. (...)

(A la voleuse) Mais toi, tu as un privilège sur lui, sur moi aussi d´ailleurs, celui de l´antériorité. Mon être de juge est une émanation de ton être de voleuse. Il suffirait que tu refuses...mais ne t´en avise pas! Mais alors? Mais tu ne refuseras pas, n´est-ce pas? Tu ne refuseras pas, n´est-ce pas? Tu ne refuseras pas d´être une voleuse? Ce serait mal. Ce serait criminel. Tu me priverais d´être[1] (Implorant) Dis, mon petit, mon amour, tu ne refuseras pas?

La voleuse, *coquette*: Qui sait?

Le Juge: Comment? Qu´est-ce que tu dis? Tu me refuseras pas?

La Voleuse, sèche et se relevant: Non.

Le Juge: Mademoiselle...Madame. Je vous en prie. (Il se jette à genoux.) Voyez, je vous en supplie. Ne me laissez pas dans une pareille posture, attendant d´être juge! S´il n´y avait pas de juge, où irions-nous, mais s´il n´y avait pas de voleurs?

La Voleuse, *ironique*: Et s´il n´y en avait pas?

Le Juge: Ce serait terrible. Mais vous ne me jouerez pas un tour pareil, n´est-ce que? Vous ne ferez pas qu´il n´y avait pas de voleurs?

La Voleuse, *ironique*: Et s´il n´y en avait pas?

Le Juge: Ce serait terrible. Mais vous ne me jouerez pas un tour pareil, n´est-ce pas? Vous ne ferez pas qu´il n´y en ait pas? ... car tu veux que je rampe?

Le Bourreau, *au juge*: Rampez!

Bien. Continuez.

Le Juge, *à la voleuse*: Que tu me fasses ramper après mon être de juge, coquine, tu as bien raison, mais si tu me le refusais définitivement, garce, ce serait criminel...

La Voleuse, *hautaine*: Apelez-moi Madame et réclamez poliment

(...)

Le Bourreau: Rampez! ET Dépêchez-vous, il faut que j´aille m´habiller.

Le juge, *à la fille*: Madame! Madame, acceptez, je vous en prie. Je suis prêt à lécher avec ma langue vos souliers, mais dites-moi que vous êtes une voleuse...

La voleuse, *dans un cri*: Pas encore! Lèche! Lèche! Lèche! Lèche d´abord!

La scène se déplace de gauche à droite, comme à la fin du tableau précédent, et s´enfonce dans la coulisse de droite. Au loin, crépitement de mitrailleuse.

UNITÉ 5

Le texte à trous et la littérature

Quelques Considérations Didactiques!

Ce genre d´exercice fonctionne comme un aide mnémonique de vocabulaire contenu dans le texte littéraire. Il teste et la compréhension et la mémoire de l´étudiant. À la fin de la lecture d´un texte ou d´une oeuvre au programme, le professeur peut préparer des livrets à l´ordinateur en format Cloze pour tester la compréhension des étudiants et aussi pour enrichir leur lexique.

Voilà ci-suivant des activités en format cloze d´oeuvres inclues dans le programme des étudiants de français.

Beaumarchais, Pierre Augustin Caron, Le Mariage de Figaro, Bordas, 1784.

ENTRAÎNEZ-VOUS!

Exercice 1:

Scène 9: Dans cette scène, Bazile explique à Suzanne que Figaro est à la recherche du comte. Suzanne n´apprécie pas Bazille comme homme et le lui fait savoir.

Rôdait	Méchant homme	Le plus de mal	Bouffonne	Dieu vous apaise!
Prodiguer	Prescrira	L´obstacle qui nuit	Pas vu	Rien d´étonnant

Bazile. N´auriez-vous _________(1)_________ Monseigneur, Mademoiselle?

Suzanne, *brusquement*. Hé! Pourquoi l´aurai-je vu. Laissez-moi!

Bazille s´approche. Si vous étiez plus raisonnable, il n´y aurait _________(2)_________ à ma question. C´est Figaro qui le cherche.

Suzanne. Il cherche donc l´homme qui lui veut _________(3)_________ après vous?

Le Comte, à part. Voyons un peu comme il me sert.

Bazile: Désirer du bien à une femme, est-ce vouloir du mal à son mari?

Suzanne: Non, dans vos affreux principes, agent de corruption!

Bazile: Que vous demande-t-on ici que vous n´alliez _________(4)_________ à un autre? Grâce à la douce cérémonie, ce qu´on vous défendait hier, on vous le _________(5)_________ demain.

Bazile: De toutes les choses sérieuses, le mariage étant _________(6)_________, j´avais pensé....

Suzanne, *outrée*. Des horreurs! Qui vous permet d´entrer ici!

Bazile: Là, là, mauvaise! (7) _________ ! Il n´en sera que ce que vous voulez. Mais ne croyez pas non plus que je regarde M. Figaro comme _________(8)_________ à Monseigneur, et, sans le petit page...

Suzanne: *timidement*: Don Chérubin?

Bazile la contrefait. Qui tourne autour de vous sans cesse, et qui ce matin _________(9)_________ ici pour y entrer, quand je vous ai quittée. Dites que cela n´est pas vrai?

Suzanne: Quelle imposture! Allez-vous-en, _________(10)_________

Exercice 2:

Dans la deuxième partie de Madame Bovary[13], Charles et Emma Bovary vont à l´Opéra. Gustave Flaubert décrit dans le texte qui suit leur entrée dans la salle d´Opéra et l´installation de l´orchestre.

Gaieté	Charivari	Épongeaient	Loge	Inexpressives
Piaulaient	Étuis	Affiches	Battement	Causaient

À l´angle des rues voisines, de gigantesques _________(1)_________ répétaient en caractères baroques: "Lucia de Lammermoor... Lagardy... Opéra..., etc." Il faisait beau, on avait chaud, la sueur coulait dans les frisures, tous les mouchoirs _________(2)_________ des fronts rouges, et parfois un vent tiède, qui soufflait de la liaison de la rivière, agitait mollement la bordure des tentes en coutil suspendues à la porte des estaminets. Un peu plus bas, cependant, on était rafraîchi par un courant d´air glacial qui sentait le suif, le cuir et l´huile. C´était l´exhalaison de la rue des charretes, pleine de grands magasins noirs où l´on roule des barriques.

De peur de paraître ridicule, Emma voulut, avant d´entrer, faire un tour de promenade sur le port, et Bovary, par prudence, garda les billets à sa main, dans la poche de son pantalon, qu´il appuyait contre son ventre.

Un _________(3)_________ de coeur la prit dès le vestibule. Elle sourit involontairement de vanité, en voyant la foule qui se précipitait à droite par l´autre corridor, tandis qu´elle montait l´escalier des premières. Elle eut plai-

13 Flaubert, Gustave. Madame Bovary, ED. Gallimard: Paris, 1972

sir, comme um enfant, à pousser de son doigt les larges portes tapissées, elle aspira de toute sa poitrine l´odeur poussiéreuse des couloirs, et quand elle fut assise dans _________(4)_________, elle se cambra la taille avec une désinvolture de duchesse.

La salle commençait à se remplir, on tirait les lorgnettes de leurs _________(5)_________. Et les abonnés, s´apercevant de loin, se faisaient des salutations. Ils venaient se délasser dans les beaux-arts des inquiétudes de la vente, mais n´oubliant point les affaires, ils _________(6)_________ encore cotons, troix-six ou indigo.

Cependant, les bougies de l´orchestre s´allumèrent, le lustre descendit du plafond, versant, avec le rayonnement de ses facettes, une _________(7)_________ subite dans la salle, puis les musiciens entrèrent les uns après les autres, et ce fut d´abord un long ___________________de bases ronflant, de violons grinçant, de pistons trompettant, de flûtes et de flageolets qui _________(8)_________.

Exercice 3:

Camus, Albert, L´étranger, Gallimard, 1942

Dans cette VI ème partie, Marie et Raymond sont allés à la plage d´Alger pour visiter un ami. Le narrateur nous décrit les péripéties du voyage et leur visite au cabanon de Masson, son ami algérien. Voilà ici-bas le texte en format Cloze qui reproduit la narration de ce voyage.

Se dépêcher	Sac de toile cirée	Baigneurs	Immobile	Asphodèles

Chalutier	L´arrêt	Impercebti-blement	La devanture	Les tamaris

La veille nous étions allés au commissariat et j´avais témoigné que la fille avait "manqué" à Raymond. Il en a été quitte pour un avertissement. On n´a pas contrôlé mon affirmation. Devant la porte, nous en avons parlé avec Raymond, puis nous avons décidé de prendre l´autobus. La plage n´était pas très loin, mais nous irions plus vite ainsi. Raymond pensait que son ami serait contente de nous voir arriver tôt. Nous allions partir quand Raymond, tout d´un coup, m´a fait signe de regarder en face. J´ai vu un groupe d´Arabes adossés _________(1)_________ à la devanture du bureau de tabac. (....)

Nous sommes allés vers _________(2)_________ d´autobus qui était un peu plus loin et Raymond m´a annoncé que les Arabes ne nous suivaient pas. Je me suis retourné. Ils étaient toujours à la même place et ils regardaient avec la même indifférence l´endroit que nous venions de quitter. Nous avons pris l´autobus, Raymond, qui paraissait tout à fait soulagé, n´arrêtait pas de faire des plaisanteries pour Marie. (...) Elle a voulu qu´on parte tout de suite. Raymond s´est redressé et il a ri en disant qu´il fallait _________(3)_________.

La plage n´est pas loin de l´arrêt d´autobus. Mais il a fallu traverser un petit plateau qui domine la mer et qui dévale ensuite la plage. Il était couvert de pierres jaunâtres et _________(4)_________ tout blancs sur le bleu déjà dur du ciel. Marie s´amusait à en éparpiller les pétales à grand coups de son _________(5)_________. Nous avons marché entre des files de petits villas à barrières vertes ou blanches, quelques unes enfouies avec leurs vérandas _________(6)_________, quelques autres nues au milieu des pierres. Avant d´arriver au bord du plateau, on pouvait voir déjà la mer _________(7)_________ et plus loin un cap somnolent et massif dans l´eau claire. Et nous avons vu, très loin, un petit _________(8)_________ qui avançait, (9) _________, sur la mer éclatante. Marie a cueilli quelques iris de roche. De la pente qui descendait vers la mer nous avons vu qu´il y avait déjà quelques _________(10)_________.

Exercice 4:

Gide, André, <u>L´Adieu d´Alissa</u>, Bordas, Paris, 1988

Dans cet extrait Jérôme n´a pas encore lu le journal intime qu´Alissa a écrit. C´est seulement après sa mort qu´il comprendra pourquoi jadis fiancée à lui, elle s´est toujours refusée au mariage et s´est même enfermée dans une farouche retraite. Voilà un extrait en format de texte cloze de cette scène d´adieu où Alissa renonce à l´amour.

En souvenir	Baisers	Ressentiment	Voix	N´abîme pas
Renversée	Ras	Se fermèrent	Sanglote	Déclinant
Lâchement	Se voiler	Repoussé	Tous eux	L´enveloppant

Le soleil _________(1)_________, que cachait depuis quelques instants un nuage, reparut au _________(2)_________ de l´horizon, presque en face de nous, envahissant d´un luxe frémissant les champs vides et comblant d´une profusion subite l´étroit vallon qui s´ouvrit à nos pieds, puis, disparut. Je demeurais, ébloui, sans rien dire, je sentais m´envelopper encore, me pénétrer, cette sorte d´extase dorée où mon _________(3)_________ s´évaporait, et je n´entendais plus en moi que l´amour.

Alissa, qui restait penchée, appuyée contre moi, se redressa, elle sortit de son corsage un menu paquet enveloppé contre moi, se redressa, elle sortit de son corsage un menu paquet enveloppé de papier fin, fit mine de me le tendre, s´arrêta, semblant indécise, et comme je la regardais, surpris:

- Écoute, Jérôme, c´est ma croix d´améthystes que j´ai là, depuis trois soirs je l´apporte parce que je voulais depuis longtemps te la donner.

- Que veux-tu que j´en fasse? Fis-je assez brusquement.

- Que tu la gardes _________(4)_________ de moi, pour ta fille.

- Quelle fille? m´écriai-je en regardant Alissa sans la comprendre.

- Écoute-moi bien calmement, je t´en prie, non, ne me regarde pas ainsi, ne me regarde pas, déjà j´ai beaucoup de mal à te parler, mais ceci, je veux absolument te le dire. Écoute, Jérôme, un jour, tu te marieras?

-Non, ne me réponds pas, ne m´interromps pas, je t´en supplie. Je voudrais tout simplement que tu te souviennes que je t´aurai beaucoup aimé et... depuis longtemps déjà... depuis trois ans ...j´ai pensé que cette petite croix que tu aimais, une fille de toi la porterait un jour, en souvenir de moi, oh... sans savoir de qui.... et peut-être pourrais-tu aussi lui donner... mon nom...

Elle s´arrêta, la voix étranglée, je m´écriai presque hostillement:

- Pourquoi ne pas la lui donner toi-même?

Elle essaya de parler encore. Ses lèvres tremblaient comme celles d´un enfant qui _________(5)_________, elle ne pleurait pas toutefois, l´extraordinaire éclat de son regard qui (6)_________, elle ne pleurait pas toutefois, l´extraordinaire éclat de son regard inondait son visage d´une surhumaine, d´une angélique beauté.

- Alissa! Qui donc épouserais-je? Tu sais pourtant que je ne puis aimer que toi... et tout à coup, la serrant éperdument, presque brutalement dans mes bras, j´écrasai de _________(7)_________ ses lèvres. Un instant comme abandonnée je la tins à demi _________(8)_________ contre moi, je vis son regard _________(9)_________, puis ses paupières _________(10)_________ et d´une voix dont rien n´égalera pour moi la justesse et la mélodie:

- Aie pitié de nous, mon ami! Ah! N´abîme pas notre amour.

- Peut-être dit-elle encore: N´agis pas _________ (11)_________! Ou peut-être me le dis-je moi-même, je ne sais plus, mais soudain, me jetant à genoux devant elle et _________(12)_________ pieusement de mes bras:

- Si tu m´aimais ainsi, pourquoi m´as-tu toujours _________(13)_________?

Vois! J´attendais d´abord le mariage de Juliette, j´ai compris que tu attendisses aussi son bonheur, elle est heureuse, c´est toi-même qui me l´as dit. J´ai cru longtemps que tu voulais continuer à vivre près de ton père, mais à présent nous voici _________(14)_________ seuls.

UNITÉ 6

Grammaire et orthographe

Perfectionnez votre grammaire et orthographe!

La grammaire française comme toute grammaire est difficile parce qu´elle est faite de règles qu´il faut mémoriser et retenir pour ensuite appliquer lors d´un exercice pratique ou de la communication orale. Il faudra spécifier tout de suite qu´il n´y a qu´une seule grammaire du français, dite grammaire normative dont le père fondateur continue à être le linguiste André Grévisse. La grammaire normative s´occupe de la norme de la langue, de ce qui est correct et ce qui est considéré incorrect. Dans mon livre, les techniques et méthodes d´enseigner cette grammaire normative tendent toutes vers une technique interdisciplinaire qui combine la théorie normative classique avec la théorie psychopédagogique du jeu, combinant ainsi les règles de la grammaire classique avec des jeux élaborés se distanciant de plus en plus du format classique des exercices en Q&R.

Il n´y a pas moyen d´utiliser les temps verbaux et les formes verbales adéquatement, si l´étudiant n´a pas mémorisé, utilisé et réutilisé les temps verbaux pour un bon nombre d´années d´apprentissage des verbes au banc de l´école. On ne peut nier le bénéfice et la solidité continue de ces méthodes classiques, normatives et millénaires, toutefois quand nous avons affaire à des étudiants de français comme langue seconde, les théoriciens et les pédagogues de la grammaire suggèrent de plus en plus le support du ludique dans l´enseignement de la grammaire, notamment des jeux de blocs, de dés, de cartes et de corrections d´erreurs. Des jeux de modification du temps verbal ou de construction de phrases grammaticales ou encore de reformulation, sans pour autant éliminer le format classique qui continue à subsister.

La méthode interdisciplinaire de la grammaire ludique provient de la théorie et psychologie cognitive des étudiants jeunes et adultes. Les élèves d´après le théoricien du développement cognitif de l´humain, Carl Jung, ne parviennent à assimiler que des choses concrètes, proches de leur réel. Le ludique est très présent dans leurs vies quotidiennes et même essentiel à leur développement en des êtres équilibrés et plus décontractés. L´intégration du ludique dans la classe de grammaire répond à ce besoin naturel de jouer, à cette inconscience caractéristique du jeu enfantin qui aide à désinhiber le blocage que l´élève peut avoir en salle de cours.

J´ai élaboré dans ce chapitre nombre d´activités grammaticales ludiques qui peuvent être reproduites par l´enseignant sous plusieurs formes.

Exercices pratiques et notes grammaticales

Exercice 1:

Jeu de séparation des verbes en radical et terminaison:

Dans un effort de mémoriser les terminaisons des différents temps verbaux, l´enseignant peut dans un premier temps donner des exercices mécaniques et fonctionnels sur papier de phrases ou de textes contenant différents temps et conjugaisons verbales. Les étudiants auront à identifier les verbes, séparer le radical des verbes contenus dans les phrases ou dans le texte des terminaisons des temps verbaux utilisés.

Exercice 1: Le jeu de séparation

Grille de conjugaison des verbes réguliers

Le présent	**le Passé composé**
Je parle	J´ai parlé
Tu parles	Tu as parlé
Il/elle/on parle	Il/elle/on a parlé
Nous parlons	Nous avons parlé
Vous parlez	Vous avez parlé
Ils/elles parle	Ils/Elles ont parlé

Lisez les phrases suivantes en séparant le radical de la terminaison. Indique leur infinitif entre parenthèses, selon l´exemple.

Ex. Nous passe | rons | à la place Charles de Gaulle.

a. Vous visitez l´hôtel de ville.

b. J´ai visité la Tour Eiffel.

c. Êtes-Vous montés au sommet de la Tour?

d. Tu longes la Seine.

e. Elles habitaient rue Mouffetard.

f. J´aurai complété 20 ans quand j´habiterai seul.

g. Il assaisonne les salades avec de l´estragon, du cerfeuil et de l´huile d´olive.

h. Les citadins disent les campagnards sont des gens bizarres.

Exercice 2:

Lisez le paragraphe prélevé de Passion Simple, d'Annie Ernaux, identifiez les verbes, séparez le radical des terminaisons et puis Indiquez la forme de l´infinitif de chaque verbe. Il y a 5 verbes au total.

Au printemps, mon attente est devenue continuelle. Une chaleur précoce s´était installée dès le début du mois de mai. Les robes d´été apparaissaient dans les rues, les terrasses des cafés étaient pleines. On entendait sans arrêt une danse exotique, murmurée par une femme à la voix étranglée, la lambada.

Ernaux, Annie. Passion Simple, ED. Gallimard, Paris: p, 43: 1991.

1.		
2.		
3.		
4.		
5.		

Exercice 3:

<u>Jeu de l´Itinéraire Orthographique Fléché</u>: À l´aide du trajet fléché suivant dans lequel la flèche reconstitue un adverbe de manière. Trouve l´adverbe d´arrivé

Note grammaticale sur les adverbes de manière:

Les adverbes de manière sont placés après les verbes et sont formés sur la forme du féminin de l´adjectif. Le suffixe "–ment" est ajouté à la forme du féminin de l´adjectif qualificatif.

Masculin	Féminin	Adverbe
Lent	Lente	Lentement
Rapide	Rapide	Rapidement
Facile	Facile	Facilement
Difficile	Difficile	Difficilement
Douce	Douce	Doucement

D´autres adjectifs qualificatifs en français se terminent en "-ant" ou "-ent" et forment leurs adverbes en doublant leur consonne finale:

intéressant----intéressement

Négligent----négligemment

1. La flèche signifie ce qui n´est pas difficile, trouve l´adverbe d´arrivée. Le mot de départ commence par F et signifie ce qui n´est pas difficile:

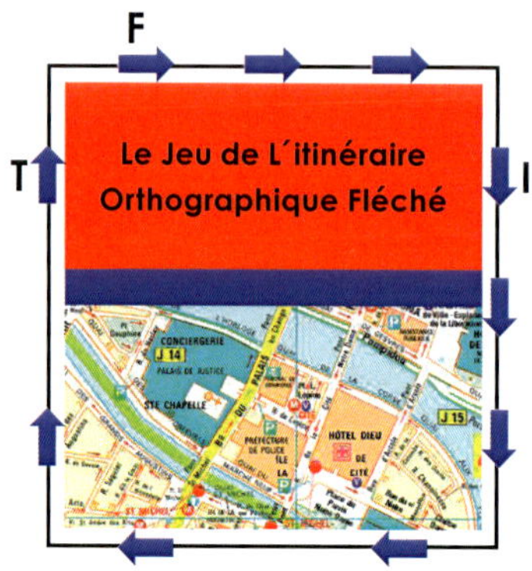

Mot d´arrivée en 10 lettres:

2. Mot de départ commence par: F et signifie de grand orgueil.

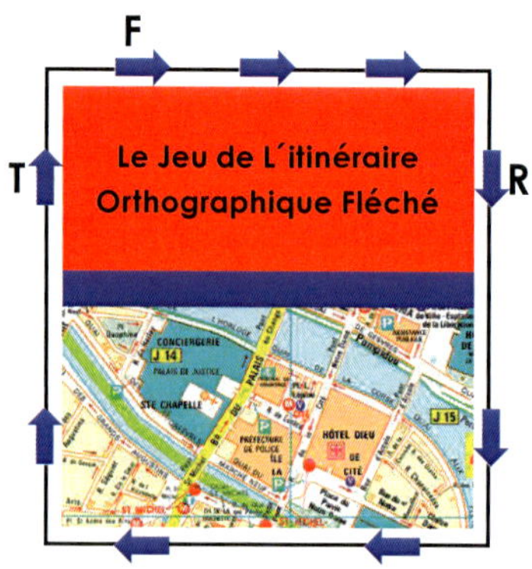

Mot d´arrivée en 9 lettres:

3. Mot de départ commence par: J et signifie content

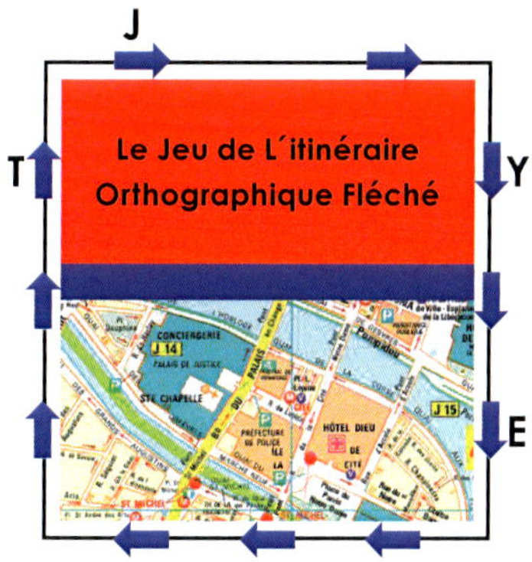

Mot d´arrivée en 11 lettres:

4. Mot de départ commence par: C et signifie tout le temps

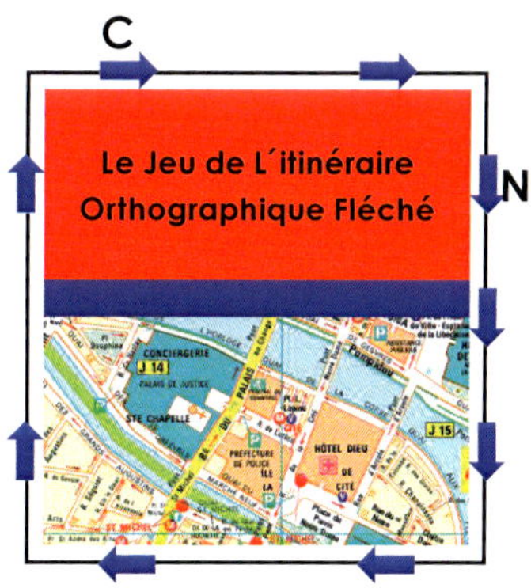

Mot d´arrivé en 9 lettres:

5. **Mot de départ commence par: P et signifie sans doute**

Mot d´arrivée en 12 lettres:

6. **Mot de départ commence par: F et signifie qui a perdu la raison**

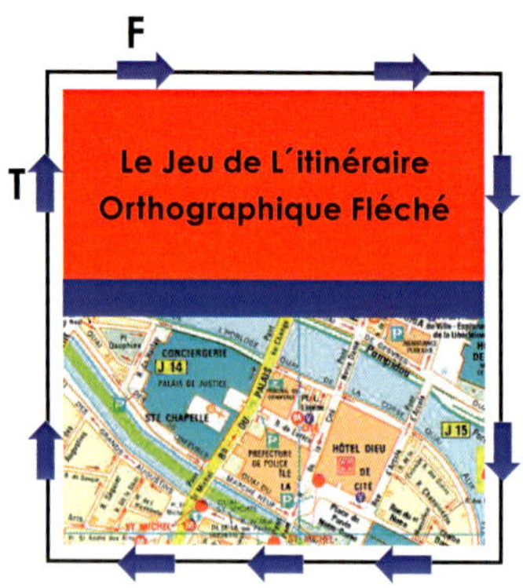

Mot d´arrivée en 9 lettres:

7. **Mot de départ commence par: D et signifie de manière différente**

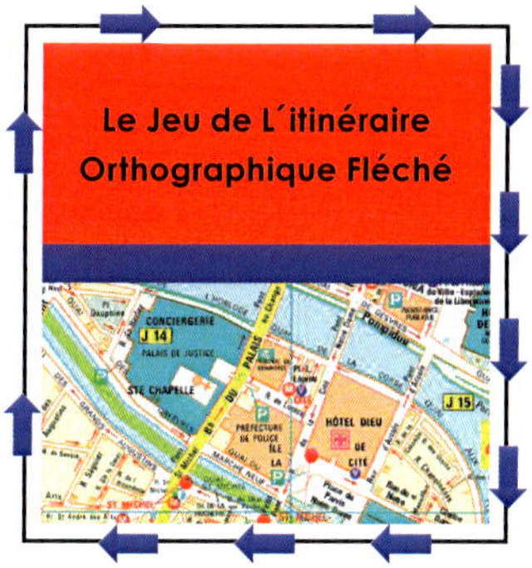

Mot d´arrivée en 11 lettres:

8. **Mot de départ commence par: R et signifie en vitesse**

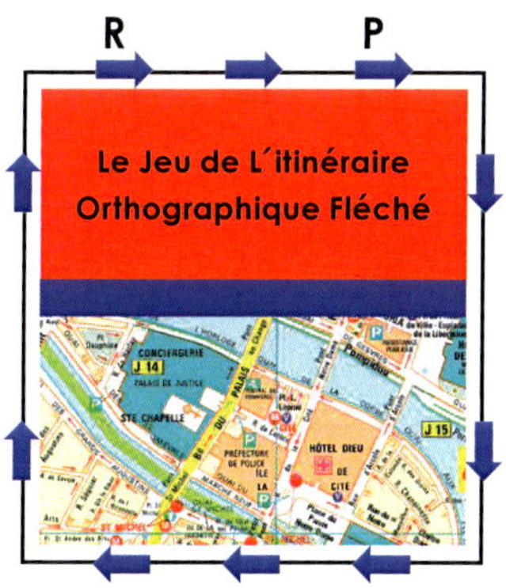

Mot d´arrivée en 10 lettres:

Exercice 3. Description des personnes et des choses. Vous pouvez en former d´autres utilisant des adjectifs pour caractériser des personnes ou des noms de choses.

Note de Grammaire:

Un seul usage pour les adjectifs longs:

Les adjectifs qualificatifs modifient un substantif. Ils sont placés avant ou après le nom selon leurs longeurs. Si l´adjectif est long, il est placé automatiquement après le substantif.

Deux usages pour les djectifs courts:

Si l´adjectif est court, il peut être placé avant ou après le nom, selon le sens que l´on veut faire ressortir dans la phrase. Ils sont toujours variables et prennent le genre et le nombre du nom qu´ils modifient.

L´adjectif qualificatif peut qualifier le nom sujet et être placé après le verbe.

Exemples: Une **immense** fatigue me pétrifiait

Les **seuls** moments **heureux**

Le **léger** décalage de son français

Mon écriture **raturée** et **illisible**

Désirs **sublimes** ou **mortels**

Le costume est **gris**

Jeu du carré: Utilisez les mots du carré pour faire des caractérisations des substantifs donnés. Vous pouvez commencer de n´importe direction et inventer d´autres après.

1.

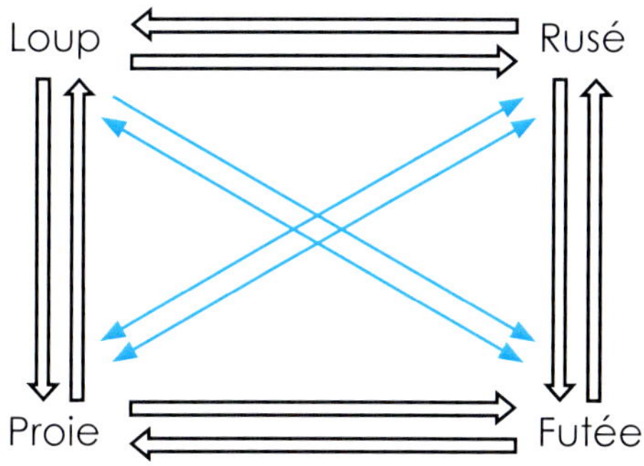

2.

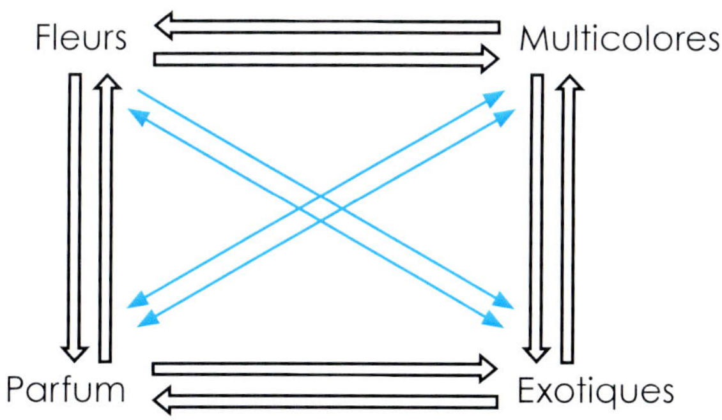

3.

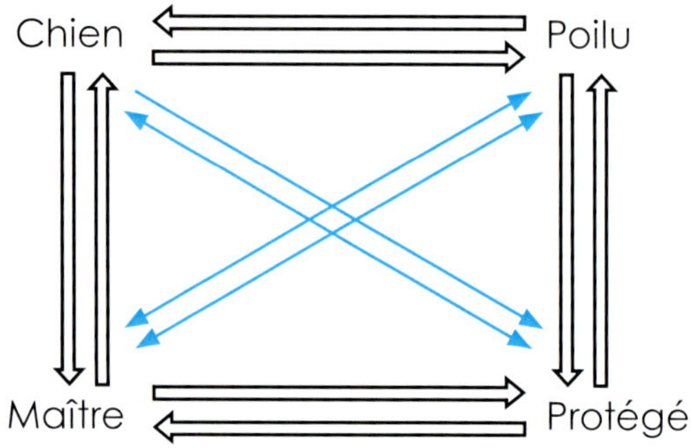
Chien
Poilu
Maître
Protégé

4.

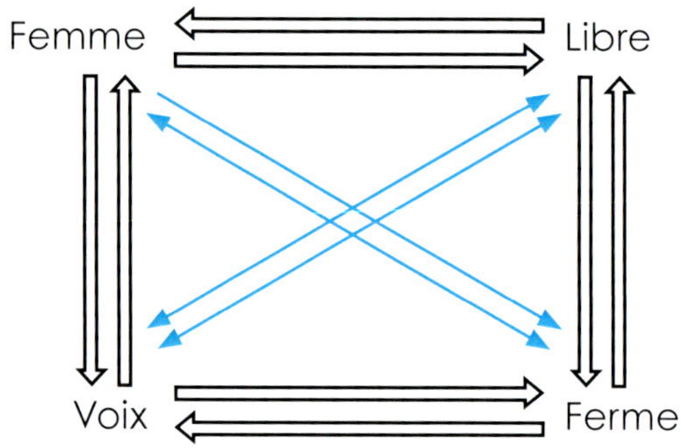
Femme
Libre
Voix
Ferme

5.

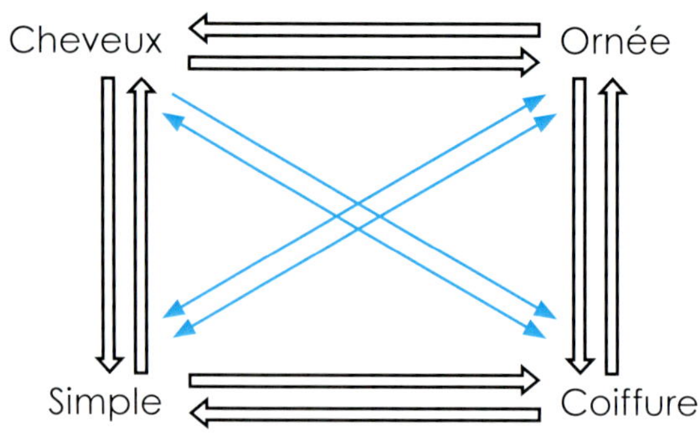
Cheveux
Ornée
Simple
Coiffure

6.

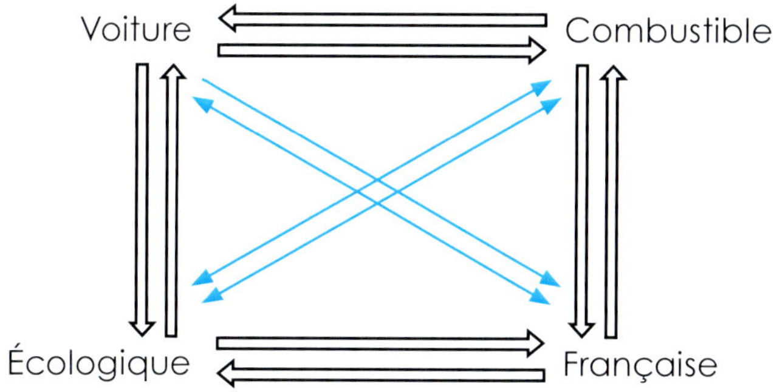
Voiture
Combustible
Écologique
Française

7.

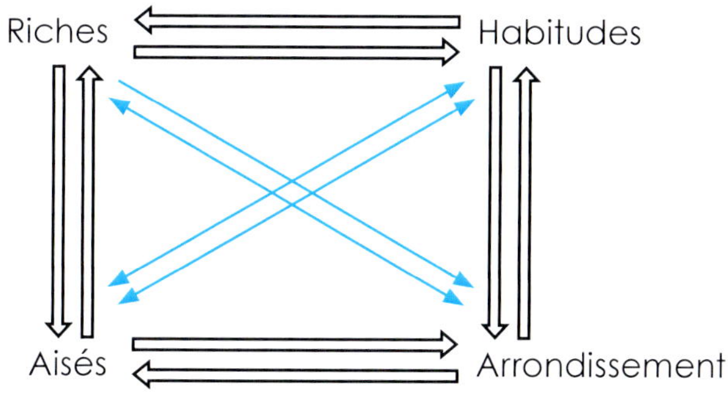
Riches
Habitudes
Aisés
Arrondissement

8.

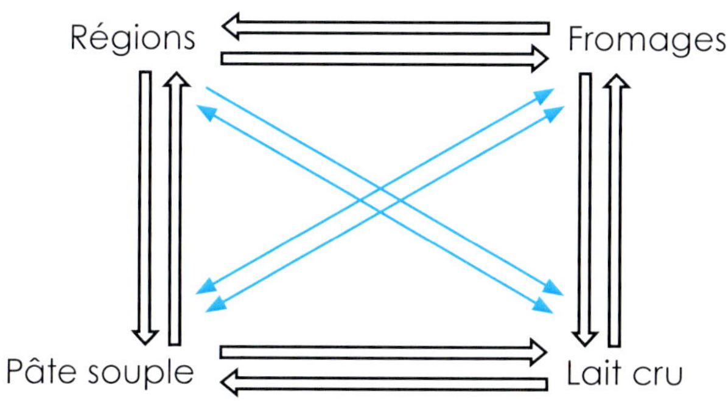
Régions
Fromages
Pâte souple
Lait cru

Exercice 4: Jeu de démelage casse-tête de lettres: Substantifs féminins et masculins

Retrouve les substantifs désignant des constructions dont les lettres ont été mélangées; Ajoute l´article défini qui convient quand le démelage est résolu.

#1	Q	B	I	E	U	R	S		
#2	I	C	B	U	Q	O	E		
#3	T	L	A	H	C	E			
#4	L	V	P	I	L	O	A	N	
#5	L	V	A	L	I				
#6	Â	C	E	H	A	E	U		
#7	E	T	H	U	T				
#8	E	M	I	M	B	E	U	L	
#9	H	I	È	U	A	C	M	E	R

Exercice 5: **Jeu de décodage de message caché. Le message inclue différents types de phrases: interrogatives, négatives, affirmatives et exclamatives. Chacune des lettres de la phrase cachée a été remplacée par celle qui la suit dans l´ordre alphabétique. Il faut aussi séparer les mots et utiliser la ponctuation correcte : virgule, point-virgule, point, point d´interrogation et point d´exclamation.**

a.

MBÍBVUMBDSNFNBVDÍPDPMBUKB
JUSPVWFDBTVCMJNF!

---

b.

QSFTEFMBTUBUJPOEFNFUSPCP
VSHMBSFJOFVOCFMBQQBSUFNFOU

---

c.

DFTUVOIPUFMBVTPNNfUEFSVS

---

d.

DFTUNFJMMFVMFVY.

Exercice 6: <u>Le jeu de Chasser l´intrus</u>: Les verbes réguliers suivants sont tous du 2 ème groupe sauf un. Trouver l´intrus dans la liste.

Grille de Conjugaison des Verbes du Deuxième Groupe

Le présent	le Passé composé
Je finis	J´ai fini
Tu finis	Tu as fini
Il/elle/on finit	Il/elle/on a fini
Nous finissons	Nous avons fini
Vous finissez	Vous avez fini
Ils/elles finissent	Ils/elles ont fini

a. Rougir-pourrir-élargir-sortir-fleurir
b. Finir-obéir-désobéir-partir-fuir
c. Tarir-ternir-transir-tenir-tiédir
d. Travestir-tressaillir-trier-vêtir-tenir
e. Bondir-rebondir-retentir-ralentir-courir
f. Mourir-blottir-bâtir-flêchir-réfléchir
g. S´enorgueillir-élargir-vrombir-sentir-rouir
h. Rougir-roidir-raidir-rosir-roustir-venir

Exercice 7: <u>Le Jeu des erreurs</u>: Identifie les erreurs d´orthographe et de grammaire en comparant les deux textes. Trouvez le texte qui a 7 erreurs et faites la correction. Voilà un extrait du livre de Jean de La Fontaine, <u>Les Fables.</u>

<u>Texte 1</u>:

Le Corbeau et le Renard

Maître Corbeau, sur un arbre perché,
Tenait en son bec un fromage.
Maître Renard, par l'odeur alléché,

Lui tint à peu près ce langage:
"Hé! bonjour, Monsieur du Corbeau.
Que vous êtes joli! que vous me semblez beau !
Sans mentir, si votre ramage
Se rapporte à votre plumage,
Vous êtes le Phénix des hôtes de ces bois. "
A ces mots le Corbeau ne se sent pas de joie;
Et pour montrer sa belle voix,
Il ouvre un large bec, laisse tomber sa proie.
Le Renard s'en saisit, et dit: "Mon bon Monsieur,
Apprenez que tout flatteur
Vit aux dépens de celui qui l'écoute:
Cette leçon vaut bien un fromage, sans doute. "
Le Corbeau, honteux et confus,
Jura, mais un peu tard, qu'on ne l'y prendrait plus.

Jean de la Fontaine,
Fables, Livres I à VI, Ed. Bordas, 2015.

Texte 2:

Le Corbeau et le Renard

Maître Corbeau, sur un arbre perché,
Tenait en son becque un fromage.
Maître Renard, par l'odeur alléché,
Lui tint à peu prét ce langage:
"Hé! bonjour, Monsieur du Corbeau.
Que vous êtes jolie! que vous me semblez beau !
Sens mentir, si votre ramage
Se rapporte à votre plummage,
Vous êtes le Phénix des hôtes de ces bois. "
A ces mots le Corbeau ne se sent pas de joie;
Et pour montrer sa belle voie,

Il ouvre un large bec, laisse tomber sa proie.
Le Renard s'en saisie, et dit: "Mon bon Monsieur,
Apprenez que tout flateur
Vit aux dépens de celui qui l'écoute:
Cette leçon vaux bien un fromage, sans doute. "
Le Corbeau, honteux et confus,
Jura, mais un peu tard, qu'on ne l'y prendrait plus.

Jean de la Fontaine,
Fables, Livres I à VI, Ed. Bordas, 2015.

Exercice 8: **Jeu des erreurs#2: Identifie les erreurs d´orthographe et de grammaire en comparant les deux textes. Trouvez le texte qui a 7 erreurs et faites la correction. Voilà un extrait du de la nouvelle fantastique d´Edgar Alan Poe: le Chat Noir**[14]

Texte 1:

Le Chat Noir d´Edgar Alan Poe

Depuis mon enfance, je me fis remarquer par ma docilité et l'humanité de mon caractère. La tendresse de mon coeur était même si manifeste qu'elle fut l´objet des railleries de mes camarades. J'étais particulièrement amoureux des animaux, et mes parents m'offrirent une grande variété d'animaux de compagnie. Je passais avec eux la plus grande partie de mon temps, et rien ne me procurait plus de bonheur que de les nourrir et de les caresser. Ce trait de mon caractère s'affirma avec l'âge, et dans ma vie d'homme, j'en tirai une de mes principales sources de plaisir. A ceux qui ont nourri une affection pour un chien fidèle et sagace, je n'ai nul besoin d'expliquer la nature ou l'intensité de la gratification que l'on peut en tirer. Il y a quelque chose dans l'amour désintéressé et au-

14 Edgar Alain Poe, Le Chat Noir, Gallimard Jeunesse,2010

to-sacrificiel d'une bête, qui va directement au coeur de celui qui a eu fréquemment l'occasion de tester l'amitié mesquine et la fragile fidélité de l'Homme simple.

Je me mariai jeune, et fus heureux de trouver en ma femme un caractère qui n'était pas incompatible avec le mien. Remarquant mon penchant pour les animaux domestiques, elle ne manqua pas d'en acquérir certains des plus charmants. Nous eumes des oiseaux, des poissons rouges, des lapins, un petit singe, et un chat.

Ce dernier était un chat remarquablement grand et beau, tout noir, et intelligent au plus haut point. En parlant de son intelligence, ma femme, qui de coeur n'était pas peu supertitieuse, faisait souvent allusion à l'ancien dicton populaire, qui faisait de tous les chats noirs des sorciers déguisés. Elle ne prenait pas toujours cela au sértieux; je note ceci à la seule fin qu'on s'en souvienne.

Texte 2:

Le Chat Noir d´Edgar Alan Poe

Depuis mon enfance, je me fis remarquer par ma docilitée et l'humanité de mon caractère. La tendresse de mon coeur était même si manifeste qu'elle fut l´objet des railleries de mes camarades. J'étais particulièrement amoureux des animaux, et mes parents m'offrirent une grande variété d'animaux de compagni. Je passais avec eux la plus grande partie de mon temps, et rien ne me procurait plus de boneur que de les nourir et de les carecer. Ce trait de mon caractère s'affirma avec l'âge, et dans ma vie d'homme, j'en tirai une de mes principales sources de plaisir. A ceux qui ont nourri une affection pour un chien fidèl et sagace, je n'ai nul besoin d'expliquer la nature ou l'intensité de la gratification que l'on peut en tirer. Il y a quelque chose dans l'amour désintéressé et auto-sacrificiel d'une bête, qui va directement au coeur de celui qui a eu fréquement l'occasion de tester l'amitié mesquine et la fragile fidélitée de l'Homme simple.

Je me maria jeune, et fut heureux de trouver en ma femme un caractère qui n'était pas incompatible avec le mien. Remarquant mon penchant pour les animaux domestiques, elle ne manqua pas d'en acquérir certains des plus charmants. Nous eûmes des oiseaux, des poissons rouges, des lapins, un petit singe, et un chat.

Ce dernier était un chat remarquablement grand et beau, tout noire, et intelligent au plus haut point. En parlant de son intelligence, ma femme, qui de coeur n'était pas peu supertitieuse, faisait souvent allusion à l'ancien dicton populaire, qui faisait de tous les chats noirs des sorciers déguisés. Elle ne prenait pas toujours cela au sérieux; je note ceci à la seule fin qu'on s'en souvienne.

Exercice 10: Le jeu de Chasse aux mots-pièges! Orthographe et homonymes.

a. Vous vous êtes levés plus tôt/ bientôt.

b. Veux-tu du chocolat? Non, donne-moi plus tôt/ plutôt du miel.

c. Les quelquefois/ quelques fois où je pouvais aller à la piscine, il pleuvait.

d. Aujourd´hui nous allons avoir affaire/ avoir à faire beaucoup de travail.

e. Le gendarme lui a donné une amande/ amende.

f. J´ai faim/fin.

g. Elle danse avec beaucoup de grâce/ grasse.

h. Il est midi moins le car/ le quart.

i. Il sort sang/ sans son manteau.

j. Passer un coup de ballet/ balai.

k. Un nombre pair/ père.

l. Il se tient près/ prêt.

m. Un verre/ ver de terre.

n. Une voix/ voie de chemin de fer.

o. Le bateau arrive au porc/port.

p. Un poids/ pois lourd.

q. Le saut/ sceau en hauteur.

r. La roux/ roue de vélo.

s. Sein/ Saint Nicholas.

Exercice 11: Le jeu des proverbes à thèmes communs. Indique le sens et insère dans une conversation.

a. "Après l´heure, ce n´est pas l´heure."

b. "Avant l´heure, ce n´est pas l´heure."

c. "Un grand bien ne vient point en peu d´heures."

d. "Où l´heure n´est labeur est inutile."

e. "Ce n´est pas le tout de courir, mais de partir à l´heure."

Exercice 12: Proverbes[15] sur la richesse:

a. "Suffisance fait richesse, et convoitise fait pauvreté."

15 Citation-celebre.le parisien.fr

b. "Peu de désirs, voilà la vraie richesse."

c. "Hors du travail, point de richesse."

d. "Mieux vaut honneur que honteuse richesse."

e. "L´ambiguité est une richesse."

Exercice 13: Jeu de transformation des temps verbaux. Commencez tous les paragraphes par le mois dernier et faites les transformations nécessaires[16]:

Ces mots me fendent le coeur mais j´ai déguisé mon trouble.

Mme de Lorsange s´approche et témoigne qu´elle veut apprendre de la bouche de la fille ses malheurs.

Je reviens auprès de Justine et je la saisis assez bien pour pouvoir la peindre.

Madame de Gernande a la plus belle taille, pas un de ses mouvements qui n´est un sentiment. Ses yeux sont du plus beau noir.

16 Flaubert, Gustave. Madame Bovary, ED. Gallimard: Paris, 1972

La campagne est déserte, et Rodolphe n´entend autour de lui que le battement des herbes qui fouettent ses chaussures.

Elle a des yeux qui brillent et un teint pâle.

Je le crois très bête. Elle en est fatiguée sans doute. Il porte des ongles sales et une barbe de trois jours.

Charles pense à son père et s´étonne de sentir tant d´affection pour cet homme qu´il a cru n´aimer que très médiocrement.

UNITÉ 7

Genre et grammaire

Considérations didactiques!

Le genre est une catégorie grammaticale dans la grammaire française. Elle concerne les substantifs: noms communs ou noms propres et les adjectifs. La seule fois où l´on parle du genre dans la classe de linguistique, c´est qu´on traite du GN ou groupe nominal et des adjectifs qualificatifs qui accompagnent le GN. La grammaire classique comme moderne compte trois genres dans le GN: le féminin, le masculin et le neutre.

1. Les Noms Communs Féminins *en français sont précédés d´un article défini ou indéfini* singulier ou pluriel dans la forme du féminin, dans ce cas: La, Une, Les, Des.

Dans l´absence d´un article, les noms féminins de la langue française contiennent dans la plupart la voyelle "e" à la fin comme:

atmosphère	obélisque	robe	herbe
mère	mairie	ferme	cérémonie
église	mémoire	page	mousse

2. <u>Les Noms Communs Masculins</u>: quant à eux se terminent dans la plupart par une consonne:

paysan	fermier	parrain	cerf
drap	rail	ail	doigt
habit	temps	pied	Lapin
chien	époux	voleur	lion

Ce qui confond, pourtant, les étudiants du français comme L1 ou L2, ce sont les noms communs qui ne suivent pas cette règle et sont considérés masculins même quand ils ont la voyelle finale "e". La langue n´a pas une liste fermée et l´étudiant n´a qu´à se fier à son bon sens jusqu´à ce que sa maîtrise de la langue s´améliore. Voilà une liste non-fermée de ces noms communs considérés uniquement masculins. Ils ne sont jamais rencontrés à la forme du féminin et sont listés avec les autres noms communs qui se terminent par une consonne.

livre	vase	gendre	prince
oncle	signe	linge	village

3. <u>Les Noms Communs Neutres</u>: Les noms considérés neutres existent seulement à la forme du masculin et la langue hésite à leur trouver une forme au féminin. Ce sont surtout le nom de certaines professions exercées par les hommes et les femmes. Dans ce cas l´usage de la langue ajoute le nom femme à côté du nom du métier de catégorie masculine: *Trois professeurs femmes, un ange femme, un auteur femme, un monstre femme, un peintre femme jamais une peintre ou peintresse, un écvrivain femme, jamais une écrivaine suivant la règle de déri-*

vation des noms du sexe des personnages, une femme soldat jamais soldate, une femme commis de magasin et non une commise, un bandit femme et non une bandite.

Dû à l´émancipation féminine ou sexisme, certaines professions n´existent qu´au féminin: nourrice, nonne, lavandière, ménagère.

4. Les Noms Communs Homonymes sont des noms qui utilisent la même forme pour le masculin et pour le féminin et les règles de la grammaire permettent que l´on mette ou un article masculin ou un article féminin selon que l´on parle du genre masculin ou du genre féminin. Le changement de l´article change d´autre part le sens du substantif commun. La liste de ces noms est réduite mais il est bon la reconnaitre pour que les étudiants de langues retiennent fermement la règle du genre grammaticle de base qui est la plus courante et usagée dans la langue française.

guide	cartouche	laque	physique	vapeur
aide	mode	interligne	remise	voile
garde	manche	pendule	solde	aigle

ENTRAÎNEZ-VOUS!

EXERCICES SUR LES NOMS ET LEURS GENRES

Exercice 1: Place l´article défini singulier ou pluriel derrière les noms communs donnés:

____ paysan	____ herbes	____ maître
____ gendre	___ princesse	______ main
_____ loup	_____ page	____ incendie
______ bras	______ cheval	___ spectateurs
____ chanson	_____ feuille	______ roue

Exercice 2: Recopie les noms homonymes suivants en indiquant entre parenthèses leur sens au masculin et leur sens au féminin, selon l´exemple. Aide-toi du dictionnaire si nécessaire:

Ex: Une trompette: instrument de musique

Un trompete: musicien qui joue de la trompete

TOUR

POÊLE

LIVRE

Exercice 3:

Les Noms Communs et les Noms Propres

Recopie ce texte et souligne en bleu les noms communs et en rouge les noms propres:

Je ne t´ai rien dit de ta Julie; elle gagnera sans doute à laisser parler ton coeur. Un mot, un seul mot, je te livre à lui. Tu m´as honorée quelquefois du tendre nom d´épouse; peut-être en ce moment dois-je porter celui de mère. Veux-tu me laiseer veuve avant qu´un noeud sacré nous unisse!

Rousseau[17], Julie ou la Nouvelle Héloise

Les perroquets sont des oiseaux des forêts très colorés. Ils ont un bec crochu qui leur sert à manger des graines, des fruits et des noix.

17 Jean-Jacques Rousseau, Julie,Garnier-Flammarion, 1976

L´aigle est un oiseau agile qui utilise sa vitesse et ses serres extrêmement puissantes pour attraper ses proies: des lapins et des marmottes, ...ect.

Les abeilles ne produisent pas toutes du miel, elles se nourrissent du néctar des fleurs.

Exercice 4: Le Jeu des Noms qui Changent de Radical:

INSTRUCTIONS: Lancez le dés, puis donnez le féminin des noms de la case où vous tombez. Si vous errez, vous perdez votre tour.

Départ		12	13	14
1		11		15
2		10		16
3		9		17
4		8		18
5	6	7		19
			**ARRIVÉE**	20

<u>Noms qui changent de radical au féminin</u>:

1. Bélier	6. Lièvre	11. Cheval	16. Neveu
2. Bouc	7. Monsieur	12. Frère	17. Canard
3. Mari	8. Singe	13. Poule	18. Mouton
4. Cerf	9. Étalon	14. Homme	19. Porc
5. Empereur	10. Oncle	15. Père	20. Parrain

Exercice 5: Les Noms propres et les Noms communs:

Un lapin

Jean Jacques

La mairie

Une pétale

Les noms propres
•
•
•
•
Noms Communs
•
•
•
•
•

UNITÉ 8

Stratégies de lecture

Le récit narratif

L'anticipation comme stratégie de lecture consiste à imaginer ce qui va se passer à partir des indices que l'on possède. Qui dit anticipation dit aussi lecture interrompue ou pause-prédiction dans le récit narratif. Le professeur demande aux étudiants de lire un passage ou un chapitre du livre de lecture et leur demande de s´arrêter à un point fort où l´histoire se noue.

Ici-bàs vous trouverez au total 5 extraits de romans français coupés au moment où l´histoire se noue et atteint un point fort, un élément perturbateur qui nécessitera une action de la part des personnages du récit de lecture pour atteindre une solution ou pour que le problème soit résolu. Voilà le schéma classique de la structure d´un récit narratif fictionnel:

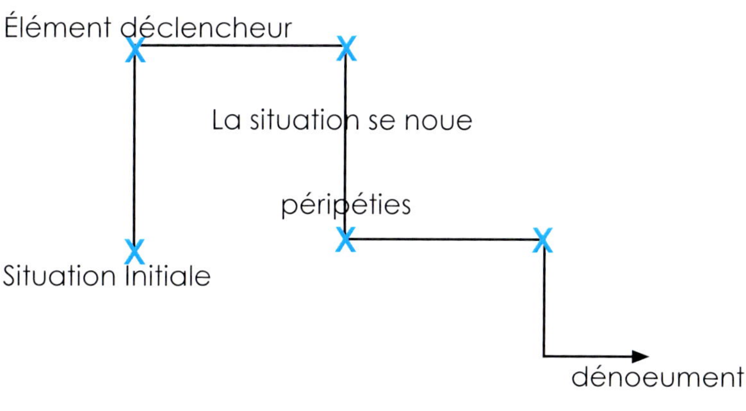

Schéma Classique de la Structure d´un récit Narratif Fictionnel!

1.La pause-prédiction et la littérature

Exercice 1:

Les Liaisons Dangereuses[18] de Choderlos de Laclos est un roman épistolaire du XVIIIème siècle qui évoque la philosophie libertine du jeu de l´amour et de la séduction. La corruption des contraintes, des valeurs et de la garde spirituelle de chacun. Les lettres échangées entre les personnages ne font que révèler la doctrine de la marquise de Merteuil et du vicomte de Valmont. Deux aristocrates qui révèlent dans le roman leurs conquêtes amoureuses ainsi que leurs procédures.

Dans la lettre qui suit, nous avons le personnage de Cécile Volanges qui écrit à Mme La Merteuil pour lui confier que Valmont s´est inscrusté dans sa chambre et qu´elle n´a pas pu le repousser. Les deux se sont échangés des baisers et Cécile la vertueuse du couvent promise à Mr. Gercourt, l´ennemi de Mme La Merteuil, a succombé au jeu de Valmont.

Pause-lecture et prédiction:

Lisez la lettre de Cécile à Mme La Merteuil. Clairement cette lette narre un événement perturbateur dans l´histoire. Faites une pause-lecture après cette lettre et faites en 10 lignes des prédictions sur ce que va se passer dans la suite de l´histoire entre Valmont et Cécile?

18 Pierre Choderlos de Laclos, Les Liaisons Dangereuses, Garnier--Flammarion, 1782

XCVII

De Cécile Volanges à la Marquise de Merteuil

Ah! mon Dieu, Madame, que je suis affligée ! que je suis malheureuse ! Qui me consolera dans ma peine? qui me conseillera dans l'embarras où je me trouve ? Ce M. de Valmont!… & Danceny! Non, l'idée de Danceny me met au désespoir… Comment vous raconter? comment oser vous dire ?… Je ne sais comment faire. Cependant mon cœur est plein… Il faut que je parle à quelqu'un, & vous êtes la seule à qui je puisse, à qui j'ose me confier. Vous avez tant de bonté pour moi! Mais n'en ayez pas dans ce moment-ci; je n'en suis pas digne: que vous dirai-je? je ne le désire point. Tout le monde ici m'a témoigné de l'intérêt aujourd'hui, ils ont tous augmenté ma peine. Je sentais tant que je ne le méritais pas! Grondez-moi au contraire; grondez-moi bien, car je suis bien coupable: mais après, sauvez-moi; si vous n'avez pas la bonté de me conseiller, je mourrai de chagrin.

Apprenez donc… ma main tremble, comme vous voyez, je ne peux presque pas écrire, je me sens le visage tout en feu. Ah! c'est bien le rouge de la honte. Hé bien! je la souffrirai ; ce sera la première punition de ma faute. Oui, je vous dirai tout.

Vous saurez donc que M. de Valmont, qui m'a remis jusqu'à présent les lettres de M. Danceny, a trouvé tout d'un coup que c'était trop difficile; il a voulu avoir une clef de ma chambre. Je puis bien vous assurer que je ne le voulais pas: mais il a été en écrire à Danceny, & Danceny l'a voulu aussi; & moi, ça me fait tant de peine quand je lui refuse quelque chose, surtout depuis mon absence qui le rend si malheureux, que j'ai fini par y consentir. Je ne prévoyais pas le malheur qui en arriverait.

Hier, M. de Valmont s'est servi de cette clef pour venir dans ma chambre, comme j'étais endormie; je m'y attendais si peu, qu'il m'a fait bien peur en me réveillant; mais comme il m'a parlé tout de suite, je l'ai reconnu, & je n'ai pas crié; & puis l'idée m'est venue d'abord, qu'il venait peut-être m'apporter une lettre de Danceny. C'en était bien loin. Un petit moment après, il a voulu m'embrasser; & pendant que je me défendais, comme c'est naturel, il a si bien fait, que je n'aurais pas voulu pour toute chose au monde qu'il restât comme ça. Mais lui voulait un baiser auparavant. Il a bien fallu, car comment faire? d'autant que j'avais essayé d'appeler ; mais outre que je n'ai pas pu, il a bien su me dire que s'il venait quelqu'un, il saurait bien rejeter toute la faute sur moi ; & en effet, c'était bien facile, à cause de cette clef. Ensuite il ne s'est pas retiré davantage. Il en a voulu un second; & celui-là, je ne savais pas ce qui en était, mais il m'a toute troublée, & après, c'était encore pis qu'auparavant. Oh! par exemple, c'est bien mal ça. Enfin après…, vous m'exempterez bien de dire le reste; mais je suis malheureuse autant qu'on peut l'être.

Ce que je me reproche le plus, & dont il faut pourtant que je vous parle, c'est que j'ai peur de ne m'être pas défendue autant que je le pouvais. Je ne sais pas comment cela se faisait: sûrement, je n'aime pas M.de Valmont, bien au contraire; & il y avait des moments où j'étais comme si je l'aimais. Vous jugez bien que ça ne m'empêchait pas de lui dire toujours que non; mais je sentais bien que je ne faisais pas comme je disais; & ça, c'était comme malgré moi; & puis aussi, j'étais bien troublée! S'il est toujours aussi difficile que ça de se défendre, il faut y être bien accoutumée! Il est vrai que ce M. de Valmont a des façons de dire, qu'on ne sait pas comment faire pour lui répondre: enfin, croiriez-vous que quand il s'en est allé, j'en étais comme fâchée, & que j'ai eu la faiblesse de consentir qu'il revînt ce soir: ça me désole encore plus que tout le reste.

Oh! malgré ça, je vous promets bien que je l'empêcherai d'y venir. Il n'a pas été sorti, que j'ai bien senti que j'avais eu bien tort de lui promettre. Aussi j'ai pleuré tout le reste du temps. C'est surtout Danceny qui me faisait de la peine! toutes les fois que je songeais à lui, mes pleurs redoublaient que j'en étais suffoquée, & j'y songeais toujours… Et à présent encore, vous en voyez l'effet ; voilà mon papier tout trempé. Non, je ne me consolerai jamais, ne fût-ce qu'à cause de lui… Enfin, je n'en pouvais plus, & pourtant je n'ai pas pu dormir une minute. Et ce matin en me levant, quand je me suis regardée au miroir, je faisais peur, tant j'étais changée.

Maman s'en est aperçue dès qu'elle m'a vue, & elle m'a demandé ce que j'avais. Moi, je me suis mise à pleurer tout de suite. Je croyais qu'elle m'allait gronder, & peut-être ça m'aurait fait moins de peine: mais, au contraire. Elle m'a parlé avec douceur! Je ne le méritais guère. Elle m'a dit de ne pas m'affliger comme ça! Elle ne savait pas le sujet de mon affliction. Que je me rendrais malade! Il y a des moments où je voudrais être morte. Je n'ai pas pu y tenir. Je me suis jetée dans ses bras en sanglotant, & en lui disant: "Ah! Maman, votre fille est bien malheureuse! " Maman n'a pas pu s'empêcher de pleurer un peu; & tout cela n'a fait qu'augmenter mon chagrin:

heureusement elle ne m'a pas demandé pourquoi j'étais si malheureuse, car je n'aurais su que lui dire.

Je vous en supplie, Madame, écrivez-moi le plus tôt que vous pourrez, & dites-moi ce que je dois faire: car je n'ai le courage de songer à rien, & je ne fais que m'affliger. Vous voudrez bien m'adresser votre lettre par M. de Valmont; mais, je vous en prie, si vous lui écrivez en même temps, ne lui parlez pas que je vous aie rien dit.

J'ai l'honneur d'être, Madame, avec toujours bien de l'amitié, votre très humble & très obéissante servante...

Je n'ose pas signer cette lettre.

Du château de... 1er octobre 17

Exercice 2:

Pause-lecture et Prédiction dans Les Letttres Persannes de Montesquieu

Les Lettres Persanes de Montesquieu[19] est un roman épistoliare du XVIIIe siècle publié en 1721. Au XVIIIe siècle, l´Orient et le goût des voyages sont à la mode. Usbek, riche Persan d´Ispahan, homme cultivé et propriétaire d´un sérail, décide, pour parfaire ses connaissances faire un voyage en Europe.

Usbek a laissé son sérail où vivent les femmes qu´il a épousées sous la garde de ses eunuques. Roxane sa femme favorite reçoit les lettres qu´il lui envoit lui racontant le mode de vie des européens. Lisez la lettre XX dans laquelle Usbek envoit une lettre à une autre de ses femmes, Zacki qui a reçu la visite d´un euneuque blanc suite à as jalousie de Roxane, l´autre femme d´Usbek.

Pause-lecture et prédiction

Lisez la lettre XX et dites, interrompez votre lecture et devinez la suite des relations entre Roxane et Zacki ainsi que la réponse que celle-ci enverra à Usbek.

Élaborez vos réponses en 8 lignes et donnez des exemples de votre expérience personnelle.

LETTRE XX.

USBEK À ZACHI, SA FEMME.

Au sérail d'Ispahan.

Vous m'avez offensé, Zachi ; et je sens dans mon cœur des mouvements que vous devriez craindre, si mon éloignement ne vous laissoit le temps de changer

---

19 Montesquieu, Les Lettres Persanes, Gallimard, 1973

de conduite, et d'apaiser la violente jalousie dont je suis tourmenté.

J'apprends qu'on vous a trouvée seule avec Nadir, eunuque blanc, qui payera de sa tête son infidélité et sa perfidie. Comment vous êtes-vous oubliée jusqu'à ne pas sentir qu'il ne vous est pas permis de recevoir dans votre chambre un eunuque blanc, tandis que vous en avez de noirs destinés à vous servir ? Vous avez beau me dire que des eunuques ne sont pas des hommes, et que votre vertu vous met au-dessus des pensées que pourrait faire naître en vous une ressemblance imparfaite ; cela ne suffit ni pour vous ni pour moi : pour vous, parce que vous faites une chose que les lois du sérail vous défendent ; pour moi, en ce que vous m'ôtez l'honneur, en vous exposant à des regards ; que dis-je, à des regards ? peut-être aux entreprises d'un perfide qui vous aura souillée par ses crimes, et plus encore par ses regrets et le désespoir de son impuissance.

Vous me direz peut-être que vous m'avez été toujours fidèle. Eh ! pouviez-vous ne l'être pas ? Comment auriez-vous trompé la vigilance des eunuques noirs, qui sont si surpris de la vie que vous menez ? Comment auriez-vous pu briser ces verrous et ces portes qui vous tiennent enfermée ? Vous vous vantez d'une vertu qui n'est pas libre : et peut-être que vos désirs impurs vous ont ôté mille fois le mérite et le prix de cette fidélité que vous vantez tant.

Je veux que vous n'ayez point fait tout ce que j'ai lieu de soupçonner ; que ce perfide n'ait point porté sur vous ses mains sacriléges ; que vous ayez refusé de prodiguer à sa vue les délices de son maître ; que, couverte de vos habits, vous ayez laissé cette foible barrière entre lui et vous ; que, frappé lui-même d'un saint respect, il ait baissé les yeux ; que, manquant à sa hardiesse, il ait tremblé sur les châtiments qu'il se prépare : quand tout cela seroit vrai, il ne l'est pas moins que vous avez fait une chose qui est contre votre devoir. Et, si vous l'avez violé gratuitement sans remplir vos inclinations déréglées, qu'eussiez-vous fait pour les satisfaire ? Que feriez-vous encore si vous pouviez sortir de ce lieu sacré, qui est pour vous une dure prison, comme il est pour vos compagnes un asile favorable contre les atteintes du vice, un temple sacré où votre sexe perd sa foiblesse, et se trouve invincible, malgré tous les désavantages de la nature ? Que feriez-vous si, laissée à vous-même, vous n'aviez pour vous défendre que votre amour pour moi, qui est si grièvement offensé, et votre devoir, que vous avez si indignement trahi ? Que les mœurs du pays où vous vivez sont saintes, qui vous arrachent aux attentats des plus vils esclaves ! Vous devez me rendre grâce de la gêne où je vous fais vivre, puisque ce n'est que par là que vous méritez encore de vivre.

Vous ne pouvez souffrir le chef des eunuques, parce qu'il a toujours les yeux sur votre conduite, et qu'il vous donne ses sages conseils. Sa laideur, dites-vous, est si grande que vous ne pouvez le voir sans peine : comme si, dans ces sortes de postes, on mettoit de plus beaux objets. Ce qui vous afflige est de n'avoir pas à sa place l'eunuque blanc qui vous déshonore.

Mais que vous a fait votre première esclave ? Elle vous a dit que les familiarités que vous preniez avec la jeune Zélide étoient contre la bienséance : voilà la raison de votre haine.

Je devrois être, Zachi, un juge sévère ; je ne suis qu'un époux qui cherche à vous trouver innocente. L'amour que j'ai pour Roxane, ma nouvelle épouse, m'a laissé toute la tendresse que je dois avoir pour vous, qui n'êtes pas moins belle. Je partage mon amour entre vous deux ; et Roxane n'a d'autre avantage que celui que la vertu peut ajouter à la beauté.

À Smyrne, le 12 de la lune de Zilcadé, 1711.

Exercice 3: Pause-lecture et prédictions dans les Lettres de Madame de Sévigné

Publiées pour la première fois en 1725, Les Letttres de Mme de Sévigné ont été écrites par une femme de la Cour, une femme qui fréquente Versailles et le roi Louis

XIV, une femme entourée d´autres femmes illustres de l´époque et qui se retrouvent toutes ensemble dans les salons de l´époque où l´éducation des femmes se parfait et où on parle des sujets de la Cour et de la grande société. Comme son titre l´indique les Lettres est un roman épistolaire fait de lettres échangées pour la plupart entre Mme de Sévigné et sa fille.

On recense aujourd´hui 1120 lettres de Mme de Sévigné, dont 764 à sa fille de Grignan, 126 à son cousin Bussy, et 220 lettres adressées à 29 autres destinataires. La première lettre de Mme de Sévigné adressée à sa fille date du 6 février 1671. Cette dernière s´est mariée et a quitté Sa mère pour habiter avec son mari. Les Lettres ne contiennent pas de réponse, le roman ne fait qu´étaler la correspondance prolifique de Madame de Sévigné dont la famille a fait peu de publier les réponses Aux Lettres qu´elle envoyait. Les Lettres révèlent l´esprit de Madame de Sévigné, ses conversations et leurs contenus. Elle les étale sur plus de 500 pages donnant libre cours au bavardage caractéristique de la société du XVIIe siècle.

Voilà un extrait de la lettre 19 que madame de Sévigné envoit à sa fille. Lisez la lettre jusqu´au moment où Mme de Sévigné se prépare à révéler le nom de la demoiselle avec qui se marie M. de Lauzun. Interrompez votre lecture et faites la prédiction du nom de la demoiselle avec qui M. de Lauzin se mariera et justifiez votre réponse en base de ce que vous savez déjà. Comparez vos réponses.

19. DE Mme DE SÉVIGNÉ À M. DE COULANGES[20].

À Paris, lundi 15 décembre 1670.

Je m'en vais vous mander la chose la plus étonnante, la plus surprenante, la plus merveilleuse, la plus miraculeuse, la plus triomphante, la plus étourdissante, la plus inouïe, la plus singulière, la plus extraordinaire, la plus incroyable, la plus imprévue, la plus grande, la plus petite, la plus rare, la plus commune, la plus éclatante, la plus secrète jusqu'à aujourd'hui, la plus brillante, la plus digne d'envie ; enfin une chose dont on ne trouve qu'un exemple dans les siècles passés : encore cet exemple n'est-il pas juste, [1]; une chose que nous ne saurions croire à Paris, comment la pourrait-on croire à Lyon ? une chose qui fait crier miséricorde à tout le monde ; une chose qui comble de joie madame de Rohan et madame d'Hauterive [2]; une chose enfin qui se fera dimanche, où ceux qui la verront croiront avoir la berlue ; une chose qui se fera dimanche, et qui ne sera peut-être pas faite lundi. Je ne puis me résoudre à la dire, devinez-la, je vous le donne en trois ; jetez-vous votre langue aux chiens ? Hé bien ! il faut donc vous la dire : M. de Lauzun épouse dimanche au Louvre, devinez qui ? Je vous le donne en quatre, je vous le donne en dix, je vous le donne en cent. Madame de Coulanges dit : Voilà qui est bien difficile à deviner ! c'est madame de la Vallière. Point du tout, madame. C'est donc mademoiselle de Retz ? Point du tout ; vous êtes bien provinciale. Ah ! vraiment, nous sommes bien bêtes, dites-vous : c'est mademoiselle Colbert. Encore moins. C'est assurément mademoiselle de Créqui. Vous

---

20 Madame de Ségvigné, Les Lettres, "Lettre 19 de Mme de Sévigné à M de Coulanges", Ed. GF-Flammarion, 1976

n'y êtes pas. Il faut donc à la fin vous le dire: il épouse, dimanche,(...)

Pause-Lecture et prédiction

Lisez le roman Les Lettres jusqu´à la lettre XIX. Faites une pause lecture et puis imaginez la réponse de la fille de Mme de Sévigné à sa mère, justifiez votre réponse par ce que vous savez déjà des personnages du roman. Écrivez 10 lignes.

UNITÉ 9

Mots à préfixes: les jeux de mémoire

La langue est un apprentissage continu. Que ce soit les étudiants des sciences exactes ou les étudiants des sciences humaines, tous sont appelés à mémoriser des définitions de concepts clés, des formules, des règles, des noms de médicaments, des noms de maladies, des terminologies spécifiques au domaine d´étude ainsi que des contenus. Quand il s´agit de nomenclature, la mémorisation se fait texto. Quand il s´agit de contenu, la mémorisation peut être improvisée mais standardisée à tous les coups.

Comme le français est une langue latine et donc une langue qui possède des radicaux latins similaires à ceux du portugais, l´espagnol, l´italien, le latin moins que les langues germaniques comme l´allemand ou l´anglais; il est plus facile aux étudiants dont la langue maternelle est une langue latine d´apprendre comme langue seconde une autre langue latine. L´apprentissage se fait plus rapidement ainsi que l´acquisition de la seconde langue. Une langue germanique serait plus distante et nécessitera certainement une expérience d´étude et d´immersion au pays où la langue est parlée pour des résultats plus rapides au niveau de la langue mais aussi de la culture.

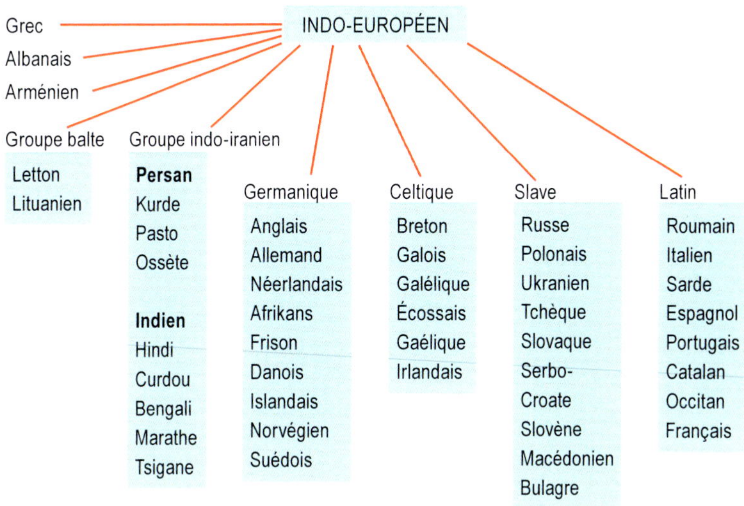

- Ne sont mentionnées ici que les langues en usage aujourd´hui, à l´exception du latin.
- Trois langues sont isolées: le grec, l´arménien, l´albanais (toutefois certains rattachent l´albanais à l´un des groupes)
- Ce schéma permet de se repérer parmi les langues les plus connues et celles qui ont le plus de locuteurs

Dans ce chapitre sont listées nombre de techniques et activités pour apprendre des mots, des expressions en langue seconde. Premièrement les expressions ou les mots à mémoriser seront montrés en usage dans des textes ou blocs de langage avant d´être réduits au niveau de liste de vocabulaire qui ferait partie plus tard du message oral ou écrit échangé entre deux interlocuteurs connectés dans un exercice de communication.

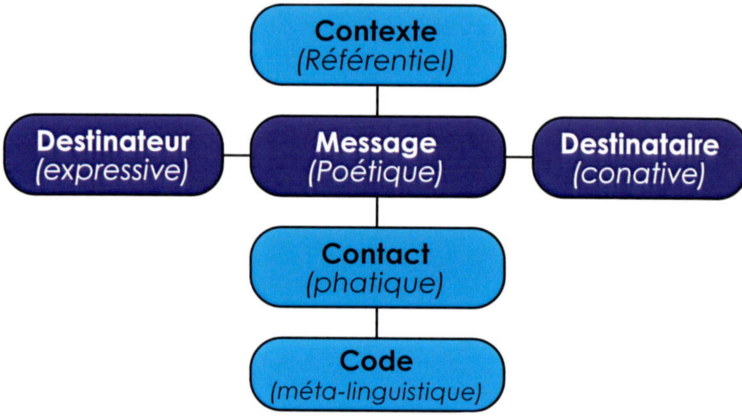

Schéma de la communication verbale d´après Romain Jackobson

ENTRAÎNEZ-VOUS!

Exercice 1: Jeu de mémoire des mots à préfixe

La langue française regorge de mots dérivés à préfixe qui donne une partie de la signification du mot comme: bimoteur, bicyclette, bimestre...ect. Voilà la définition que le dictionnaire Larousse donne au mot préfixe[21]: "*Affixe qui se place devant un mot base pour constituer avec lui un nouveau mot, appelé dérivé. (À la différence du suffixe, le préfixe ne modifie pas la catégorie grammaticale du mot base: faire → refaire.)*"

Les préfixes en eux-mêmes possèdent une signification qui vient aider à comprendre la signification du mot dérivé qui lui-même possède sa signification dans sa forme simple et non composée. Voilà un nombre réduit de préfixes d´origine française, latine et grecque:

21 Dictionnaire Larousse.

Sens privatif	Sens intensif	Sens de sympa-thie	Sens de réaction	Sens d´antérior-ité	Sens de posté-riorité
"A"	Archi- Extra- Hyper- Super- Ultra	Pro	Contre	Avant	Post
Anormal	Archi-plein	Pro-partisan	Contre-attaque	L´avant-veille	Post-brexit

Exercice 1: **Jeu de nuages de mots à préfixes**

Identifiez la signification de chaque préfixe dans le nuage ci-dessus et formez 10 phrases avec les mots à préfixe de votre choix:

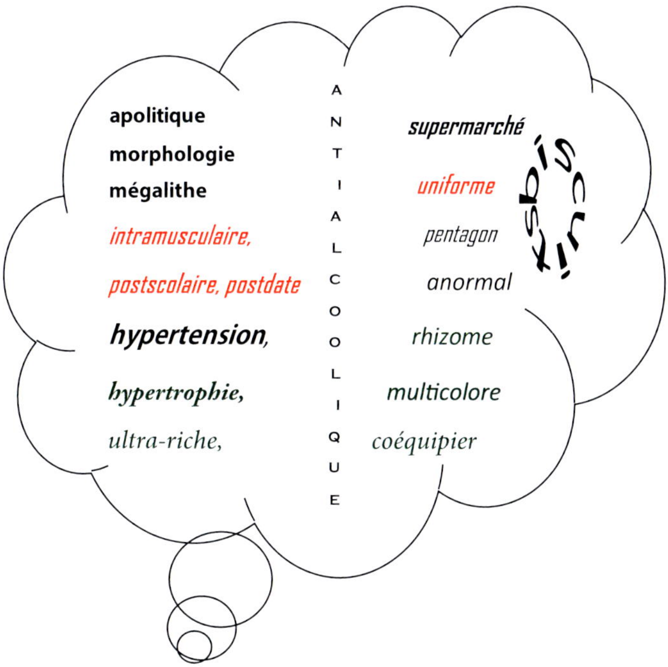

Sens du préfixe	Formation de phrases

Exercice 2: Préfixe et jeu de Loto

Le préfixe suivant s´attache seulement à 8 mots de la table. Le professeur va dire la définition de ces mots à préfixe, identifie-les à partir de la définition, couvre le mot jusqu´à ce que tu complètes un loto de 4 cases horizontales, diagonales ou verticales.

auto-			
autodidacte	automate	autocar	autobus
autor	Ultra-riche	autocollant	automate
autoroute	coéquipier	multicolore	autocrate
uniforme	copilote	apolitique	autossufisant

Exercice 3:

Le jeu des préfixes éparpillés

Avec certains de ces préfixes éparpillés, tu peux former les mots qui complèteront les phrases données:

Dis- Dé- Bi- Méga- Super- Co- A- Sans-

1. La langue du serpent est ________________
2. Celui qui n´a pas de toit est dit_____________
3. Le café sans cafféine est_________________
4. M. Grincheux n´est pas três aimable, c´est un personnage fort____________
5. Une température de 39° est considérée_______
6. Il se croit supérieur aux autres, il est _____________
7. Elle fait ses courses dans une __________ du coin.
8. J´ai acheté un sac à deux grandes poches, jaune et vert: C´est un________________

Exercice 4: Jeu de Cartes de mots à préfixes:

Imprime les cartes. Tu coupes les images. Coupe les mots. Vire les cartes et les mots. Faites le jeu à deux reliant le mot à l´image. Identifie le préfixe et son sens.

a. Repeindre
b. Refaire

a. Hypermarché
b. Hyper

a. Innoder
b. Déborder

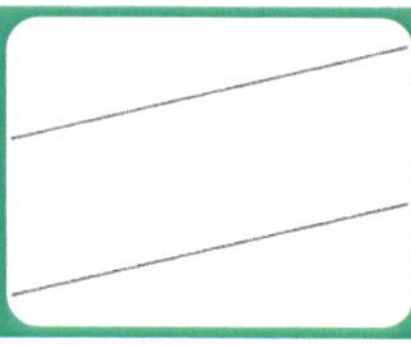

a. Parallèle
b. Paramètre

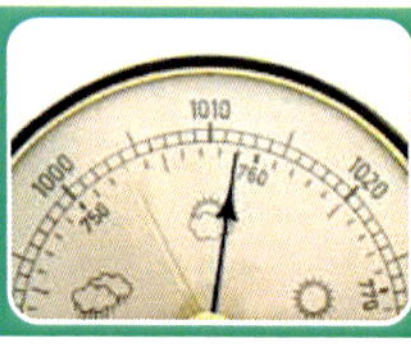

a. Baromètre
b. Baro

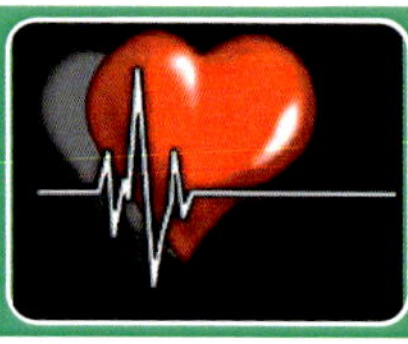

a. Cardiographie
b. cardiaque

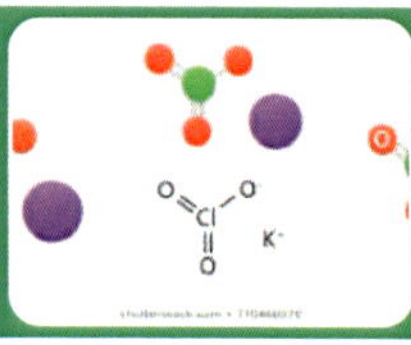

a. Chlorate
b. Chlorade

a. Chromatique
b. Chromo

a. Didactique
b. Didac

a. bimensuel

b. bissectrice

a. bissac

b. bifurcation

a. biscuits

b. bissé

Exercice 5: Le Jeu du tapis des mots à préfixes

Colle autant de préfixes qu´il y a de mots. Donne la définition des mots. Invente une situation du quotidien pour chaque mot.

Dé-	Re-	Multi-
Des-	Ré-	Tri-
Dis-	Poly-	Déca-
In-	Ultra-	Alter-
Im-	Pluri-	Anté-
		Bio-

Gracieux	coller	servir	sceller	
Possible	mobilier	luire	dire	
Écrire	animer	sémantique	syllabe	
Riche	moderne	facettes	dimensions	
Mètre	Égo	poser	Christ	économie
Pétrole	temporel	forme		

UNITÉ 10

Jeu des charades

Les charades font partie intégrale de l´apprentissage de la langue et culture française. Tous les professeurs les ont utilisées dans leurs cours un jour ou l´autre et elles sont un bon moyen de tester l´intelligence et la rapidité cognitive des étudiants dans la résolution d´une énigme formulée en mots. Ce n´est pas une interprétation mais réellement une énigme qui demande un niveau cognitif et un processus mental plus élevé de l´ordre du transfert de connaissances sous-jacentes comme il est établi dans la psychologie cognitive éducationnelle avec Carl Jung et ses disciples. Pour R. Ellis (2003:7) "*des processus tels que sélectionner, classer, ordonner, raisonner et évaluer des informations sont nécessaires à la réalisation de la tâche, et ces processus portent sur le sens de la tâche à résoudre, et non sur des choix linguistiques*".

La formulation de charades suit une structure pré-établie. Elle peut contenir 2 lignes, 3 lignes, 4 lignes et ne peut dépasser les 5 lignes. Ses phrases contiennent toujours des adjectifs ordinaux comme: mon premier, mon deuxième, mon troisième, mon dernier, mon tout. Sa résolution stipule le recours au sons de la phonétique et au découpage syllabique, des définitions de mots à révéler, des synonymes, des contraires, des fonctions, des étiquettes d´images, ect.

Le professeur peut présenter la tâche de charade en révélant le mot à deviner et les indices à suivre pour révéler l´énigme présentée par la charade.

ENTRAÎNEZ-VOUS!

Charades à résoudre

Mon premier est le son du mot « chat »

Mon deuxième est dans soleil

Mon troisème est un pronom indéfini à la troisième personne du pluriel

Mon tout me réchauffe.

Qui suis-je ?

Charades à résoudre

Mon premier est la première syllabe de crabe.

Mon deuxième est le verbe aller à la troisième personne au présent.

Mon dernier est un pronom réfléchi.

Qui suis-je?

Charades à résoudre

Mon premier se trouve dans livre.

Mon deuxième est une consonne avec une barre.

Mon tout est un verbe.

Qui suis-je?

Charades à résoudre

Mon premier se fait dans l´aéroport.

Mon deuxième est le contraire de séparer.

Mon tout a des marches.

Qui suis-je?

Charades à résoudre

Mon premier est le contraire de mouillée.

Mon deuxième se trouve sur la tête.

Mon tout utilise l´éléctricité.

Qui suis-je?

Charades à résoudre

Mon premier est féminin

Mon deuxième est à feu.

Mon tout coule des yeux.

Qui suis-je?

Charades à résoudre

Mon premier est marinier.

Mon deuxième est au féminin.

Mon tout est à l´entrée.

Qui suis-je?

Charades à résoudre

Mon premier se trouve toujours en deux.

Mon deuxième est le son de la syllabe "ké".

Mon tout est un oiseau.

Qui suis-je?

Charades à résoudre

Mon premier est une voyelle douple.

Mon deuxième la poule le donne.

Mon tout se mange.

Qui suis-je?

Charades à résoudre

Mon premier porte des boucles.

Mon deuxième accompagne le lit.

Mon tout sert à reposer la tête.

Qui suis-je?

Charades à résoudre

Mon premier se forme avec la terre après la pluie.

Mon deuxième est une interjection de silence.

Mon tout parle.

Qui suis-je?

Charades à résoudre

Mon premier est le son du froid que je sens.

Mon deuxième est le contraire de non.

Mon tout s´entend.

Qui suis-je?

Charades à résoudre

Mon premier se trouve dans balon.

Mon deuxième jette le balon.

Mon tout berce.

Qui suis-je?

Charades à résoudre

Mon premier est dans lune.

Mon deuxième est dans jeu.

Mon tout glisse sur la neige.

Qui suis-je?

Charades à résoudre

Mon premier s´ouvre.

Mon deuxième compose le livre.

Mon tout paie.

Qui suis-je?

Charades à résoudre

Mon premier est le son d´une préposition qui précède les places.

Mon deuxième se trouve dans baise.

Mon tout sert a 4 pieds.

Qui suis-je?

Charades à résoudre

Mon premier est un oiseau qui fait beaucoup de bruit.

Mon deuxième sert à marcher.

Mon tout est porte des chaussettes.

Qui suis-je?

Charades à résoudre

Mon premier se trouve dans pirouette.

Mon deuxième coup le bois.

Mon tout est rempli d´eau.

Qui suis-je?

Charades à résoudre

Mon premier n´est pas fragile.

Mon deuxième se refait.

Mon tout a des arbres.

Qui suis-je?

Charades à résoudre

Mon premier la Seine l´a.

Mon deuxième on le respire.

Mon tout a l´eau qui coule.

Qui suis-je?

Charades à résoudre

Mon premier se trouve dans professionnel.

Mon deuxìeme se tient à l´église dimanche.

Mon tout se tient.

Qui suis-je?

Charades à résoudre

Mon premier a le son de "vont".

Mon deuxième se trouve dans l´orage.

Mon tout est comme un souffle.

Qui suis-je?

Charades à résoudre

Mon premier se trouve dans armoire.

Mon deuxième est un bruit de froid.

Mon dernier est féminin.

Quis suis-je?

Charades à résoudre

Mon premier est le contraire de ouest.

Mon deuxième a le son du mot "rat".

Mon troisième est un article partitif.

Quis suis-je?

Charades à résoudre

Mon premier se trouve dedans.

Mon deuxième est dit du lait.

Mon troisième rend dentiste.

Qui suis-je?

Charades à résoudre

Mon premier a le son de ce qui brûle.

Mon deuxième a le son de naître.

Mon dernier a des carreaux en vitre.

Quis suis-je?

Charades à résoudre

Mon premier se trouve dans homme.

Mon deuxième est un bruit.

Mon troisième me suit partout.

Quis suis-je?

Charades à résoudre

Mon premier se trouve dans gang.

Mon deuxième se porte dans les mains.

Mon troisième me réchauffe.

Quis suis-je?

UNITÉ 11

Thèmes et Champs Sémantiques

La littérature et les genres qui la composent notamment la poésie, le théâtre et le roman traitent tous d´un sujet spécifique. Ce sujet devient thème quand il devient récurrent dans les écrits de l´auteur. Il devient le centre de son oeuvre. Il revient à chaque fois sous multiples formes. Ce thème peut être l´amour, le voyage, Le Moi psychologique et l´analyse de l´âme et de l´individu, les moeurs de l´époque, les relations entre membres de la famille: père-fils, mère-fille, époux-épouse, amant-amante, enfants naturels, classes sociales, période historique guerres et maladies, le quotidien, le corps entre religion et liberté, le libertinage de l´esprit, le coeur et la raison, la morale, l´amour propre, la chevalerie et la courtoisie, la femme, le matérialisme, la philosophie, le rêve, l´imaginaire culturel, la ville, l´autobiographie, la vie sociale, la politique, le féminisme, êtres marginaux, l´exil, la perte, le deuil, le fantastique passé-présent, la rêverie, ect.

Le thème d´une oeuvre est ce qu´une oeuvre nous raconte. Ce thème peut être subdivisé en plusieurs autres thèmes relatifs à l´oeuvre étudiée mais auxquels le lecteur peut s´identifier et se mirer.

Un champ lexical ou isotopie est un groupement de termes exprimant une même idée, c'est-à-dire contenant des sèmes identiques. Il s´agit de plusieurs termes qui évoquent le même champ lexical. Il ne faut pas confondre le champ sémantique d´un mot qui correspond aux significations plurielles qu´il peut revêtir avec le champ lexical fait de mots du même champ. L'étude d'un champ lexical permet notamment de trouver le thème principal (ou les thèmes principaux) d'un texte.

Les termes: "*moi, je, je me moquai, je lui promis, ma connaissance, je suis contente, je l´aime, ma nourrice*". L´alternance entre possessif et pronom personnel de la première personne appartiennent au champ lexical de l´autbiographie qui fait du Moi le sujet de prédilection.

Le linguiste et théoricien Roman Jakobson dans son ouvrage: Les fondements du langage adresse tous les aspects de la communication humaine en donnant une attention particulière au signe linguistique et à sa fonction.

Avec les champs sémantiques, Jakobson dans Essais de Linguistique générale réduit le langage à sa fonction de signifié, de l´idée, du sens, tout aussi bien que Benveniste qui a considéré que, la propriété fondamentale du langage n'est ni dire ni cacher mais signifier.

Jeux de champs sémantiques

ENTRAÎNEZ-VOUS!

Exercice 1:

Remplis les feuilles d´arbres par quatre mots qui appartiennent au même champ sémantique donné dans le cadre:

1. Rêveries

1.________________________

2. ________________________

3. ________________________

4. ________________________

2. Le libertin

1.________________________

2. ________________________

3. ________________________

4. ________________________

3. L´honnêteté

1.________________________

2. ________________________

3. ________________________

4. ________________________

4. Le pouvoir

1.________________________

2. ________________________

3. ________________________

4. ________________________

5. L´amour-propre

1.________________________

2. ________________________

3. ________________________

4. ________________________

6. Le Moi

1.______________________

2. ______________________

3. ______________________

4. ______________________

Exercice 2:

Le Jeu de l´intrus des champs sémantiques dans les Maximes de La Rochefoucouauld. Chasse l´intrus.

1.

Sincérité	Vérité
Confiance	Avouer
Coeur	Partager

2.

Confiance	Trahir
Foi	Fidèle
Croire	Vraie

3.

Les passions	Avarice
La prodigalité	Paraître
Audacieux	Voile

4.

La clémence	crainte
affection	pêché
vertu	maux

5.

La jalousie	L´envie
Conserver	Arracher
Appartenir	Le bien des autres

Exercice 3:

Lis les extraits des Maximes[22] de La Rochefoucauld et colorie en orange les mots qui appartiennent au champ lexical identifié:

Champ lexical: La constance en amour-175

La constance en amour est une inconstance perpétuelle, qui fait que notre coeur s´attache successivement à toutes les qualités de la personne que nous aimons, donnant tantôt la préférence à l´une, tantôt à l´autre;

22 La Rochefoucauld, Les Maximes, Garnier-Flammarion, 1977

de sorte que cette constance n´est qu´une inconstance arrêtée et renfermée dans un même sujet.

Champ lexical: L´amour de la gloire-213

L´amour de la gloire, la crainte de la honte, le dessein de faire fortune, le désir de rendre notre vie commode et agréable, et l´envie d´abaisser les autres, sont souvent les causes de cette valeur si célèbre parmi les hommes.

Champ lexical: l´exemple-230

Rien n´est si contagieux que l´exemple, et nous ne faisons jamais de grands biens ni de grands maux qui n´en produisent de semblables. Nous imitons les bonnes actions par émulation, et les mauvaises par la malignité de notre nature que la honte retenait prisonnière, et que l´exemple met en liberté.

Champ lexical: la pitié-264

La pitié est souvent un sentiment de nos propres maux dans les maux d´autrui. C´est une habile prévoyance des malheurs où nous pouvons tomber; nous donnons du secours aux autres pour les engager à nous en donner en de semblables occasions; et ces services que nous leur rendons sont à proprement parler des biens que nous faisons à nous-mêmes par avance.

Champ lexical: la modération -293

La modération est une crainte de tomber dans l´envie et dans le mépris que méritent ceux qui s´enivrent de leur bonheur; c´est une vaine ostentation de la force de notre esprit; et enfin la modération des hommes dans leur plus haute élévation est un désir de parître plus grands que leur fortune.

Exercice 4:

Identifie le champ lexical auquel appartiennent les mots donnés:

- Voyage, argent, rire, achats

- Couleuvre, algues, cheval de mer, étoile de mer

- Château, cabane, iglu, appartement, maison

- Carte bleue, chèques, crédit, facture

- Tournesol, Marguerite, muguet, roses

- Sapin, pommier, vigne, noisetier

UNITÉ 12

Histoire de la France et personnages historiques

Considérations Didactiques Thèmes

L´Histoire de la France fait ce que la France est aujourd´hui. D´une monarchie absolue qui a commencé avec Henri II et a fini avec Louis XVI où le peuple n´avait pas son mot à dire, elle s´est transformée avec la Révolution de 1789 et le régime Napoléonien en une République basée sur le vote du peuple dont les valeurs sont égalité, fraternité et liberté. Une République persistante jusqu´à nos jours. Nous sommes aujourd´hui à la Vème Répulique avec François Macron élu le 14 mai 2017 comme successeur à François Hollande.

Voilà ici-bas des jeux de mémoire et activités qui fonctionnent comme aide aux professeurs qui veulent les adopter dans leurs classes de langue et littérature françaises.

ENTRAÎNEZ-VOUS!

Exercice 1:

Voilà un jeu de mémoire des noms et figures qui ont fait la monarchie française de Henri II jusqu´à Louis XVI. Coupe les sous-titres et colle-les sous la photo adéquate.

1.Louis XVI	4.Henri IV
2.Louis XIV	5.Louis XV
3.Louis XIII	

Exercice 2:

Jeu de coloriage: colorie en bleu ciel la réponse adéquate qui correspond aux apports de la Révolution

a. Chute de la monarchie
b. Le drapeau tricolore
c. Fêtes à Versailles
d. L´hymne national
e. Emploi des gens du peuple dans des fonctions
f. La création du code civil qui contient toutes les lois

Exercice 3:

Jeu d´ordre chronologique: Napoléon Bonaparte

	En 1804, Bonaparte est devenu empereur sous le nom de Napoléon Ier.
	Defaite en Russie et exil à l´île d´Elbe.
	Bonaparte était le premier chef militaire du monde moderne.
	En 1799, Bonaparte a pris le pouvoir.
	Division de la France en départements.
	Louis XVI, Louis XVIII et Charles X de retour au pouvoir.
	Création du système laic et publique ainsi que l´Université de France dirigé par le gouvernement au lieu de l´Église.
	Révolution de 1848 et abdication du pouvoir du roi Louis-Philippe

Exercice 4:

Les Républiques I à V: Indique les affirmations qui sont vraies ou fausses:

	Vrai	Faux
Bonaparte a pris le pouvoir en 1799. Il est nommé premier consul sous la première République.		
La troisième République a duré de 1870 à 1940 et a été régie par la constitution de 1875.		
Charles De Gaulle était un cadre en finances.		
La Quatrième République a duré de 1944 jusqu´à 1969 date de la démission de Charles de Gaulle.		
Le Second Emprire correspond au régne de Napoléon I de 1851 à 1870.		
On est à la cinquième République aujourd´hui avec la constitution de 1958.		
Charles de Gaulle était roi de la France.		

Exercice 5:

Les Présidents de la Vème République Française:

Mets le nom du président de la République Française sous la photo qui lui correpond.

1. ______________
2. ______________
3. ______________
4. ______________
5. ______________
6. ______________
7. ______________
8. ______________

Exercice 6:

Le Bilan des apports des présidents de la Vème République. Complète les phrases avec le nom du président qui correspond.

1. _____________ qui a changé l´âge de la majorité de 21 ans à 18 ans.
2. _____________ qui a aprouvé l´entrée du Royaume Uni au CEE.
3. _____________ qui a crée le SMIC.
4. _____________ qui a aprouvé la loiSur l´avortement et le divorce.
5. _____________ qui était communiste de gauche.
6. _____________ qui a aprouvé la loi de l´abolition de la peine de mort.
7. _____________ qui a aprouvé la loi de 5 Semaines de congés payées.
8. _____________ qui a aprouvé la loi de l´autonomie des universités.
9. _____________ qui a aprouvé la loi de la prolongation de la durée des études avec un recrutement des Enseignants au niveau du Master (Bac+5).
10. _____________ qui a approuvé la loi de la retraite repoussée à 62 ans et à 67 ans pour les employés qui n´ont pas la cotisation suffisante.
11. _____________ qui a aprouvé la loi du mariage pour tous et adoption pour les couples homosexuels.
12. _____________ qui a voté la loi de l´exonération des heures supplémentaires de cotisations et d´impôts.

Exercice 7

Jeu de cartes sur l´histoire de la France ancienne et actuelle, combiner la photo du président et de sa femme. Dire les noms des deux:

UNITÉ 13

Langue et esprit français

Il y a des expressions toutes faites qu´on dit locutions ou expressions figées en français qui révèlent l´esprit sarcastique, l´esprit de suggestion indirecte en communication au lieu d´une communication sèche et directe, et qui écrivent, composent et conservent le patrimoine culturel français. Elles sont présentes en littérature sous la plume des auteurs en forme d´affirmation d´une philosophie personnelle ou d´un aphorisme populaire interchangé par les français. Ces expressions rappellent l´esprit libertin, l´esprit du flirt et de conquête caractéristique des français: "*L´image de l´esprit français est la langue française elle-même*". Selon l´écrivain Désiré Nisard

Esprit sarcastique, esprit de suggestion, esprit libertin, esprit de conquête et de flirt, esprit d´amitié, esprit pratique sont autant de devises linguistiques et philosophiques qui traduisent l´esprit de toute une nation. Les locutions et les affirmations qui véhiculent ces états d´esprit sont regroupées dans des dictionnaires de citations littéraires et dictionnaires des expressions et locutions figées que chaque apprenant de la langue peut faire siennes et mieux appréhender l´esprit mystérieux de l´autre qui se lit par le biais de la conduite ou à travers la programation neurolinguistique individuelle à chacun. Ces locutions ou affirmations mettent dans le discours une couleur que les énoncés régulièrement produits n´ont pas. Elles sont souvent fixées, toutes prêtes et sont caractéristiques d´un état de la société qui communique par un glissement de sens.

Les expressions idiomatiques, figées et locutions dans la langue française

1.Locutions idiomatiques de langue mordante:

Les répliques mordantes sont destinées à décourager l´indélicatesse , curiosités et critiques insolicitées au vécu et dans les échanges entre des proches ou des inconnus. Elles servent des fois aussi à intimider et relèvent d´un tempérament individuel plutôt rude , grossier sans détours. La langue française en regorge et en voilà quelques unes qui sont très courantes dans la vie de tous les jours. Les gens les utilisent de forme impunie parce qu´elles sont libérées dans la limite de la psychologie des échanges sociaux. Voilà ci-dessous des extraits de textes littéraires et autres repliques que le dictionnaire reconnait et emmagasine.

Expressions mordantes en littérature: les âmes fortes de Jean Giono

Dans Les Âmes Fortes, Jean Giono[23] fait le récit burlesque de diverses escroqueries de la société provinciale, matérialiste et conformiste. Des femmes à la langue bien pendue veillent la mort d´Albert, Thérèse est la plus verte de toutes, elles médisent le mort et ne montrent aucun respect pour le défunt. Elles sont obnubulées par la vie d´où le titre de ce roman qui peint l´homme comme une bête malfaisante et stupide. Giono fait ressortir dans ce roman la noirceur et l´esprit mordant de l´humain par le biais d´un langage couperet qui vient ponctuer les relations et les échanges des personnages du roman:

23 Jean Giono, Les Âmes Fortes, Gallimard: Paris, 2001

Les Âmes Fortes[24]. Voilà un extrait où Thérèse relate sa conversation avec Marie et qui met en exergue quelques expressions idiomatiques utilisées au jour le jour pour réfréner de la curiosité et de la médisance des commères du village:

> «Foutre. Je les ai remis à leur place, elle et lui? Ça n'a pas été long! Ce n'est pas à un vieux singe qu'on apprend à faire la grimace. Charles n'a pas demandé son reste. Il a filé, mes amies! Il savait ce qui lui pendait au nez. « Et toi, j'ai dit à Marie quand nous avons été seules, mêle-toi de ce qui te regarde. A bon entendeur salut! » Savez-vous ce que ça m'a rapporté? Exactement rien. Si: deux cuillères à café» [...] [Giono, Les Âmes fortes, Folio, 2001:50]

AU JOUR LE JOUR
ENTRAÎNEZ-VOUS!

Exercice 1

Lisez et prononcez les expressions. Votre professeur vous aidera à contextualiser les expressions dans des conversations.

Langue Mordante

> Mêle-toi de tes oignons!
> Chacun a ce qu´il mérite!
> Tais-toi!
> Dégage!
> Vide le plancher!

24 Jean Giono, Les Âmes Fortes, Gallimard: Paris, 2001:50

Le sourire te dérange!
Dérange comme une peste!
Passer pour un con!
Faire l´enfant!
Enfant gâté!
Lêche-bottes!
Tire ton épingle du jeu!

Utilisez le dictionnaire et remplissez le tableau:

Expressions mordante	Signification	Contexte
Foutre!		
Remettre à sa place.		
Mêle-toi de ce qui te regarde!		
Sale race!		
Tais-toi!		
Dégage!		
Vide le plancher!		
Le sourire te dérange!		
Dérange comme une peste!		
Passer pour un com!		
Faire l´enfant!		

2. Locutions idiomatiques de flatterie

L´esprit de l´éloge est un acte de langage à visée de valoriser autrui et de se rendre modeste auprès d´eux, le plus souvent celui qui la reçoit n´en fait pas écho. Il est rare quand elle est échangée ponctuellement par les deux partis inclus dans un rapport interpersonnel quotidien. Elle est ou donnée ou reçue et révèle l´esprit de celui qui l´octroît ou l´utilise, qui est un esprit qui veut plaire aux autres et gonfler leur estime de soi. Le flatteur vise à botoxer le puissant ou passer la pommade à celui à qui il a affaire pour obtenir quelques faveurs ou subsides. Si elle est faite pour louer le mérite et utilisée à juste mesure, généralement elle est la bienvenue et s´utilise dans beaucoup de styles managériaux.

La flatterie est présente dans les textes littéraires et utilisée dans les échanges au jour le jour. Il y a plusieurs types de flatterie:

1. La flatterie du mérite qui doit être utilisée sans excès.
2. La flatterie personnelle qui chante le mérite des qualités personnelles et contribue à la connaissance et conscience de soi tel qu´on se perçoit et qu´on est aperçu par les autres.
3. La flatterie des possessions matérielles et de la richesse d´autrui.

Voilà ici-bas des locutions et expressions figées relatives à la flatterie qui sont récurrentes au quotidien et sous la plume des auteurs.

Exercice 2.1:

Jeu de grille: Trouver dans la grille les locutions et expressions figées de **flâtterie** que vous pouvez utiliser au jour le jour directement ou à propos de quelqu´un. En tout, vous devez trouver 15 expressions:

L	E	B	A	D	O	R	A	B	L	E	P	B	C	R	W	R	W
M	D	Ç	P	A	S	S	E	R	L	A	M	A	I	N	N	N	N
O	O	A	D	A	N	S	L	E	D	O	S	S	J	R	A	R	A
N	R	T	T	A	I	L	L	E	D	E	G	U	Ê	P	E	P	E
B	E	E	B	E	L	L	E	P	É	P	É	P	É	E	O	E	O
I	R	V	O	U	A	H	W	T	O	B	V	A	A	C	R	X	Z
J	L	A	L	E	C	O	E	U	R	A	U	V	E	N	T	R	E
O	A	C	O	M	M	E	U	N	G	A	N	T	C	J	G	D	S
U	P	A	S	S	E	R	L	A	P	O	M	M	A	D	E	D	E
L	P	A	S	S	E	R	L	A	B	R	O	S	S	E	A	E	A
N	I	F	T	E	I	N	T	D	E	P	Ê	C	H	E	R	E	R
B	L	H	I	Q	N	C	K	L	L	S	W	O	L	B	E	B	E
V	U	E	W	N	E	W	V	X	S	A	Q	U	I	Q	L	P	L
E	L	C	O	M	M	E	U	N	R	E	N	A	R	D	U	D	U
W	E	A	L	E	C	O	J	U	O	K	G	Y	R	N	I	N	I
C	I	R	E	R	L	E	S	P	O	M	P	E	S	M	R	M	R
C	I	H	I	M	L	E	S	R	O	Ç	P	E	T	M	E	M	E

01. Mon bijou
02. Cirer les pommes
03. Passer la pommade
04. Belle pépée
05. Comme un gant
06. Ça te va comme un gant
07. Fin comme un renard
08. Botoxer
09. Ouah, taille de guêpe
10. Passer la main dans le dos
11. Adorable
12. Teint de pêche
13. Passer la brosse
14. Le coeur au ventre
15. À Reluire

3. Locutions idiomatiques de libertinage amoureux

Voilà des citations du roman de Casanova relatant ses aventures amoureuses et ses réflexions philosophiques expérimentales de l´amour et de la séduction.

Exercice 1

Lisez les citations et dites de quoi il s´agit?

" L´amour doit souffrir que nous ***le tenions en bride***, et rire qu´en dépit de la dure loi que nous lui imposions nous ne parvenions pas moins à la douce crise qui le calme."

Casanova[25], Histoire de ma vie, 1986:136

" Je t´aimerais moins si tu avais épuisé toute ma joie ***mettant le comble à tous mes désirs***."

Casanova, Histoire de ma vie, 1986: *137*

" L´amour doit souffrir que nous ***le tenions en bride***, et rire

" L´amour est un enfant qu´on doit apaiser par **des badinages**, une grande nourriture ne peut que le faire *mourrir*."

" Ma chère amie, ***tu es toute en nage***."

Casanova, Histoire de ma vie, 1986:137

25 Jacques Casanova de Seingalt, Histoire de ma vie, Gallimard, 1986

"-Je désire, me dit-elle, qu´il laisse que j´aille me loger toute seule ***où bon me semblera***, et qu´il m´oublie au point de ne pas s´informer à Parme de ce que je suis devenue..."

Casanova, Histoire de ma vie, 1986:165

" C´est un mixte de liberté française et de jalousie espagnole qui nous fait tourner la tête...étant étranger, Dieu sait ***dans quelles mains je vais tomber***."

Casanova[26], Histoire de ma vie, 1986:177

Justine ou les Malheurs de la Vertu[27] du marquis de Sade relate les mésaventures de Justine avec l´amour après la mort de ses parents et profite pour exposer sa théorie de la philosophie du libertinage sadique qui profite et corrompt la vertu et libère les moeurs de la morale et de la châsteté. Voilà quelques citations de Justine employant quelques expressions-phares du libertinage amoureux:

" Ils se lévent de table, ***tiennent conseil***, consultent la Dubois."

M. Sade, Justine ou les Malheurs de la Vertu, 1973:44

" Un moment, dit un nommé **coeur-de-fer** qui paraissait chef de la bande."

M. Sade, Justine ou les Malheurs de la Vertu, 1973:44

26 Jacques Casanova,Histoire de ma vie, Gallimard,1986
27 M. Sade, Justine ou les maleheurs de la vertu, LGF, 1973:44

Exercice 2:

Remplissez le tableau par les expressions idiomatiques qui se relationnent au libertinage amoureux données là-haut, trouvez leurs significations dans le dictionnaire, puis employez-les dans des petits scénarios avec l´aide de votre professeur:

Liste d´expressions	Signification	En contexte

Exercice 3:

Locutions variées en grille: Trouvez les locutions qui se cachent derrière les définitions:

Horizontalement:

1. Ça fait du succès. Ça [ ]
2. On doit apaiser l´amour avec des jeux.
   On [ ]
7. Immédiatement. [ ]
8. Tu transpires. Tu es [ ]
9. Sans pitié. [ ]

Verticalement:

B. Nous la contrôlons [ ]

D. Elle satisfait tous mes désirs. Je suis [ ]

Exercice 4:

Liez les expressions de la gauche avec celles de la droite. Trouvez les locutions qui se cachent derrière ces définitions:

1. Je vais là où je veux
2. Ils consultent les autres
3. Je m´inquiète de ce qui va m´arriver
4. Mâcher ses mots
5. Elle ne comprend rien

a. Elle est à côté de la plaque
b. Elle tourne sept fois sa langue dans sa bouche
c. Je vais où bon me semble
d. Ils tiennent conseil
e. Je me fais du mauvais sang

4. Locutions idiomatiques de libertinage sadique

L´esprit de libertinage sadique est un esprit qui prend un plaisir sexuel dans le mal et la souffrance qu´il fait au corps de la femme lors de l´acte de l´amour. L´inclusion de jeux sexuels comme le bondage, la cravache ou les menottes au lit relèvent tous de cet esprit du libertinage sadique tel qu´il est décrit dans Justine de Sade au XVIIIème siècle, le siècle de la débauche dans les moeurs lors du règne de Louis XV. Ce libertinage continue présent de nos jours dans l´intimité de certaines personnes, il en résulte même des victimes mais s´il n´est pas forcé, il reste un accord entre deux adultes. Voilà un extrait du roman Justine de Sade dans lequel est décrit les pratiques de ce libertinage:

" *Et* ***l´éclat des feux de ce débauché****, presque* ***aussi violent que ceux de la foudre****, vint s´anéantir sur les brèches molestées sans êtres entrouvertes. Le second me fit mettre à genoux entre ses jambés, et pendant que la Dubois l´apaisait comme l´autre, deux procédés l´occupaient tout entier; tantôt il frappait à main ouverte, mais d´une manière très nerveuse, ou mes joues ou mon sein; tantôt sa bouche impure venait fouiller la mienne. Ma poitrine et* ***mon visage*** *devinrent dans l´instant* ***d´un rouge de pourpre****... je souffrais, je lui demandais grâce et mes larmes coulaient sur ses yeux; elles l´irritèrent. Il redoubla; en ce moment ma langue fut mordue et* ***les deux fraises de mon sein*** *tellement froissées que je me rejetai en arrière, mais j´étais contenue. On me repoussa sur lui, je fus pressée plus fortement de partout, et son extase se décida...*" Justine de Sade[28] p.48

28 M. Sade, Justine ou les maleheurs de la vertu, LGF, 1973:48

Exercice 1:

- Jouez avec les mots: Trouver l´intrus

Débauche	dépravation	dévergondage	morale
Violent	brutal	tendre	coléreux
Obliger	aider	forcer	contraindre
Souffrance	amertume	douleur	jouissance

Exercice 2:

Retrouvez le vocabulaire de l´esprit du sadisme en utilisant une syllabe de chaque colonne. Coloriez les syllabes qui composent les mots du champ lexical du libertige sadique. Formez des mots en 2 ou 3 syllabes.

MOR	-	ONS	RE	1. Morçure
BAT	-	TRE	-	2.
EX	TA	PI	-	3.
ES	OLE	SE	ER	4.
IN	SO	LENT	-	5.
LÉ	STRE	TER		6.
VI	EL	-		7.
RU	SE	-		8.
MON	TE	-		9.
BÊ	SI	-		10.
CRU	ÇU	-		11.

5. Libertinage de Corruption

" ***Je l´ai oui dire***." Justine de Sade[29] p.52

" Il ***s´en faille de beaucoup***." p. 54

"Voilà comme tu seras traitée, coquine, me dit-il, lorsque ***tu manqueras à ton devoir***." Justine, p.313

" Ah! Je t´en ferai voir d´autres, catin, dit Roland, ***tu n´es pas au bout de tes peines***." Justine p. 313

" Ce libertin pût trouver ***le sel du crime*** qui le délectait mieux que tout." Justine, p. 315

Expression	Signification	Contexte

6. Locutions idiomatiques de sarcasme

Il y a dans la langue française nombre de locutions, expressions figées toutes prêtes à être utilisées quand on veut recourir à la raillerie au lieu de la confrontation. L´ironie dans la prosodie de l´intonation ou même dans des formules figées lors de l´interaction avec les gens ou lors d´échanges difficiles doivent nous aviser qu´il y a un conflit social, des fois le recours à un débit plus lent en termes de prosodie doit nous aviser que la personne qui y recourt est sur le point de craquer. C´est une marque sociale de distance et un moyen linguistique indirect pour aviser l´autre personne que l´on veut rester tranquille sans trop de fracas: " *L´ironie est un cas de non-responsabilité*." Comme le dit O. Dunot

29 M. de Sade, Justine ou les maleheurs de la vertu, LGF, 1973

Exercice 1: Ajoutez 3 expressions. Utilisez le dictionnaire.

Expression figée du sarcasme	Signification	Contexte
Habillé en hardes		
Porter Le deuil de sa blanchisseuse		
Un aveugle sans bâton		
Être raide comme une barre		
Arriver en quatre Bâteaux		
Être une grosse barrique		
Un baron de la crasse		
Un corps baromètre		

Exercice 2:

Grille de locutions croisées

1. Un--------pour quelqu´un qui ennuie

1									

2. Qui a toutes les réponses

2									

3. C´est un beau------Pour une perte.

3									

4. Quel----------.

4

5.Faire--------.

5

6. Filer -------.

6

7. La cerise sur------.

7

8. Moche-------------.

8

9. Moral------------.

9

UNITÉ 14

Jeux de pléonasme

Considérations didactiques

Le pléonasme est une erreur généralement commise lors de la rédaction en français. Elle consiste dans la répétition du même mot dans la même phrase au lieu de l´utilisation d´un synonyme:

Ex : Ce pamphlet gratuit vous informe sur une méthode de préparation et de réussite. Cette réussite est garantie à 95% après l´achat de notre livre.

Dans cette phrase le mot réussite a été répété à deux reprises à défaut d´un mot nouveau comme succès, prospérité, résultat.

Un autre type de pléonasme est celui de l´utilisation d´expressions à sens exagéré comme: Je l´ai **vu de mes yeux**. Une **dune** de **sable**. Le ciel est **constellé d´étoiles**.

Exercice 1:

Le bon Usage: Cochez la bonne réponse

1. a. Longtemps, je me suis couchée de bonne heure et j´ai mis du temps à changer cette habitude.

   b. Longtemps, je me suis couchée de bonne heure et j´ai mis longtemps à changer cette habitude.

2. a. Parfois, à peine ma bougie éteinte, mes yeux se fermaient.

b. Parfois, à peine ma bougie éteinte, mes yeux se fermaient aussitôt la lumière éteinte.

3. a. Je voulais poser le volume que je croyais avoir dans les mains et souffler ma lumière mais le volume était si captivant que je me suis endor mie avec le volume en mains.

b. Je voulais poser le volume que je croyais avoir dans les mains et souffler ma lumière.

4. a. Je n´avais pas cessé en dormant de faire des réflexions sur ce que je venais de lire, mais ces réflexions avaient pris un tour un peu particulier.

b. Je n´avais pas cessé en dormant de faire des réflexions sur ce que je venais de lire, mais ces pensées avaient pris un tour un peu particulier.

5. a. Il me semblait que j´étais moi-même ce dont parlait l´ouvrage. Des histoires similaires à celles de moi-même remplissaient l´ouvrage.

b. Il me semblait que j´étais moi-même ce dont parlait l´ouvrage. Des histoires similaires aux miennes remplissaient l´ouvrage.

Exercice 2:

Les combinaisons correctes: jeu de cartes

Ce jeu comporte 30 cartes. 15 cartes représentent un groupe d´expressions françaises et les autres 15 la combinaison de ces expressions qui forment un pléonasme considéré acceptable et correct. Ce jeu peut-être joué en paires de 2 ou en paires doubles. Le premier joueur à faire sortir une carte lance le défit à son partenir de trouver la combinaison entre les cartes en main. Chaque combinaison heureuse permet l´accumulation de plus de cartes et donc représente une victoire. Pour commencer le jeu, coupez les cartes circulaires et commencez le jeu juste après.

ALLUMER	LA LUMIÈRE	BÉNÉVOLE
VOLONTAIRE	MARCHER	À PIED
DE NOUVEAU	UN BREF	RESUMÉ

OUBLI FAUSSE ÉCHO

SONORE HASARD IMPRÉVU

CONSIGNE STRICTE TRI

SÉLÉCTIF BUT FINAL

RECULER EN ARRIÈRE À PARTIR DE

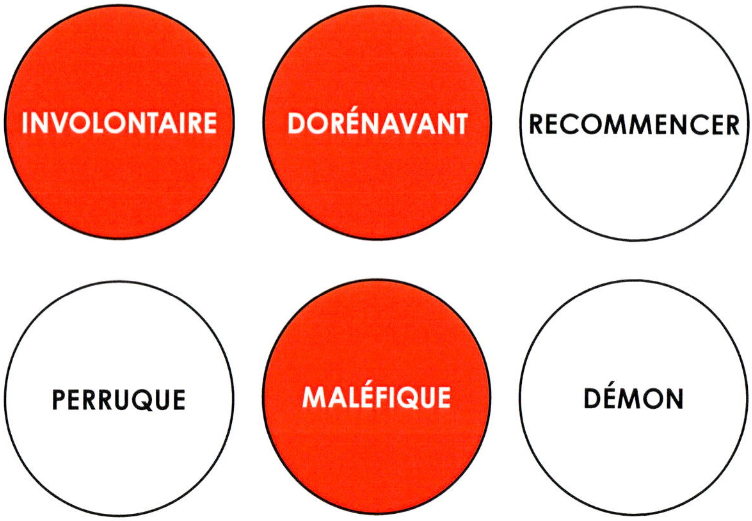
INVOLONTAIRE
DORÉNAVANT
RECOMMENCER
PERRUQUE
MALÉFIQUE
DÉMON

UNITÉ 15

Écrire un résumé

Considérations didactiques

Résumer ce qui est essentiel dans un texte, dans un roman ou une pièce de théâtre est un exercice important pour s´assurer de la compréhension élémentaire que les étudiants ont des thèmes ou sujets présentés. En résumant un texte, le professeur a accès au travail cognitif latent que l´étudiant fait et aussi au tri séléctif des informations qu´il juge importantes. Il est intéressent de voir comment le résumé que deux étudiants font ne sont jamais similaires et les faits qu´ils présentent révèlent ce qui capte leur attention et aussi leur niveau de maîtrise de littérature de tel ou tel sujet. Il y a des étudiants qui sont plus dotés à faire le résumé d´un texte scientifique très complexe que d´un texte littéraire narratif, poètique ou judicier.

Pour faire le résumé d´un texte, il faudra suivre les étapes suivantes:

1. Lire et relire très attentivement le texte.
2. Repérer les différents épisodes du récit et donner-leur un titre, une idée principale.
3. Utiliser des synonymes quand c´est possible et maintenir les concepts et thèmes clés.
4. Maintenir l´essentiel du texte et enlever tout ce qui est élaboration de l´idée principale.

Exercice 1:

Voici deux textes qui rendent compte du même événement:

Xavière ne répondit rien. Dans ses contemplations passionnées, elle n´acceptait personne à ses côtés. Ses pommettes étaient roses, elle ne contrôlait plus son visage et ses regards suivaient les mouvements de la danseuse avec un ravissement hébété. Françoise vida son verre. Elle savait bien qu´on ne pouvait jamais se fondre avec Xavière dans une action ou dans un sentiment commun, mais après la douceur qu´elle avait éprouvée tout à l´heure à retrouver sa tendresse, il lui était dur de ne plus exister pour elle. Elle fixa de nouveau la danseuse. Elle souriait à présent à un galant imaginaire, elle l´aguichait, elle se refusait, elle tombait enfin dans ses bras, et puis elle fut une sorcière aux gestes pleins de dangereux mystère. Après cela, elle mima une joyeuse paysanne, tournant, la tête folle, les yeux écarquillés, dans une fête du village. La jeunesse, la gaieté étourdie évoquées par sa danse prenaient dans ce corps vieillissant, où elles s´épanouissaient, une émouvante pureté.

"L´invitée" de Simone de Beauvoir.

Le résumé de ce texte:

Xavière ne répondit rien. Dans ses contemplations passionnées, elle n´acceptait personne à ses côtés. Ses regards suivaient les mouvements de la danseuse. Elle savait bien qu´on ne pouvait jamais se fondre avec Xavière. Il lui était dur de ne plus exister pour elle. La jeunesse, la gaieté évoquées par sa danse prenaient une émouvante pureté"

L´invitée[30] de Simone de Beauvoir.

30 Simone de Beauvoir,L´invitée,Gallimard, 1943

On peut considérer ce texte comme le résumé du premier texte. On a enlevé tous les adjectifs qualificatifs qui ajoutent de la subjectivité au texte et par conséquent ne sont pas indisponsable au message que le texte veut passer.

Texte 1: Annonce Publicitaire

Vers le résumé

Exercice 1: Texte d´annonce publicitaire

FONCIA

Gère et Valorise Votre Patrimoine

Confiez votre bien à FONCIA et accédez à une gamme de services adaptés à vos besoins:

Par sa forte implantation sur Paris et sa pratique quotidienne de la location immobilière, FONCIA vous apporte les compétences d´un professionnel et sa parfaite connaissance d´un marché locatif.

Vous êtes propriétaire d´un ou plusieurs logements destinés à la location, FONCIA, leader de l´administration de biens résidentiels, est auprès de vous pour en assurer une gestion experte. Nous mettons tout en oeuvre pour vous garantir un revenu locatif régulier et optimisé.

Texte 2: Version résumée

Exercice 2:

Texte Scientifique: Le "BIG BANG" ORIGINE DE L´UNIVERS

Un journaliste interroge l´astrophysicien Hubert Reeves sur l´origine et la crédibilité de la théorie du "Big Bang".

- Comme toute théorie scientifique, celle du Big Bang est fondée à la fois sur un ensemble d´observations et sur un système mathématique (la relativité générale d´Einstein)(...) Si cette théorie est crédible, c´est parce qu´elle a déjà prédit correctement le résultat de plusieurs observations, et que ces prédictions ont été confirmées.

- Soit. Mais comment peut-on le décrire si l´on ne peut pas le voir.

- On en voit de nombreuses manifestations. Vers 1930, un astronome américain, Edwin Hubble, a constaté que les galaxies s´éloignent les unes des autres, à des vitesses proportionnelles à leur distance. Un peu comme un pudding que l´on met au four: à mesure qu´il gonfle, les raisins s´écartent les uns des autres. Ce mouvement d´ensemble des galaxies, nommé expansion de l´univers, a été confirmé jusqu´à des vitesses de dizaines de milliers de kilomètres-seconde. Selon la théorie de la relativité générale d´Einstein, cette expansion traduit un refroidissement progressif de l´univers. La température actuelle est d´environ 3 degrés absolus, c´est à dire moins 270 degrés Celsius. Et ce refroidissment se poursuit depuis environ quinze milliards d´années.

- L´univers est de plus en plus dense, de plus en plus chaud, de plus en plus lumineux. On arrive ainsi à un moment, vers quinze milliards d´années où la température et atteignent des valeurs gigantesques. C´est ce qu´on appelle conventionellement le Big Bang.

H. Reeves, J. De Rosnay, Y. Coppens et D. Simonet, La Plus Belle Histoire du Monde, Seuil, 1996.

Texte 2: Vers le résumé

Exercice 3:

<u>Texte 3</u>. <u>Essai sur le Night Marketing</u>

Ça Boume pour le Night Marketing

Je crois en la nuit", nous soufflait en son temps Rainer Maria Rilke... L´écrivain inspiré n´est plus le seul. L´écho vient du bataillon de marques qui infiltrent, peu à peu, ce milieu encore mal connu. Longtemps vécue comme un moment menaçant et opaque, la nuit est devenue temps de rêve et de plaisir. " Les gens n´ont plus peur de se déplacer, analyse Monique Large, décrypteuse de tendances au sein de l´agence Dezineio. Ils investissent de plus en plus ce milieu, aujourd´hui synonyme de liberté et d´enchantement.

" La dernière étude menée par l´Observatoire de la nuit le confirme: deux français sur trois se sentent plus libres la nuit. Plus de la moitié des personnes interrogées considère également ce moment comme imaginatif, tendance, beau et audacieux. Une déclaration d´amour à faire pâlir d´envie les marques à la recherche des coeurs à prendre... et qui explique ce déploiement d´attention. La clientèle nocturne sait se faire chouchouter.

Mélanie Taravant, <u>Dans l´Air</u>, City Magazine Paris 2006, p.4

Texte 3: Résumé

UNITÉ 16

Projets culturels interdisciplinaires: Approche Montessori

Art et Langage

L´éducation artistique des élèves s´inscrit dans la théorie du développement et de l´apprentissage des enfants et adolescents telle qu´elle a été définie et établie par le psychologue Suisse, Jean Piaget. Le monde des enfants est un monde concret fait d´images et de photos du monde où ils évoluent. La création artistique contribue à l´intégration culturelle dans le curriculum et vise à enseigner aux enfants une autre forme de représenter le monde et nos expériences. Éveiller le sens des étudiants aux arts plastiques, aux couleurs de la nature, aux formes géométriques, aux humains et aux objets.

L´enseignement de téchniques comme la mosaique, le découpage, le sketch, le dessin, les formes géométriques du cercle, du rectangle, du carré ou encore le triangle, la peinture fluide et l´art abstrait, le pontilisme, le collage 3D, couleurs et formes en aquarelle, faire des vitrailles, faire des portraits de collage, reproduire le jeu de lumière et ombre, ect. Ce sont autant de techniques qui puissent combiner art et apprentissage de la langue et culture françaises en des projets pédagogiques et créations artistiques.

A côté des projets artistiques, les projets makers opèrent la liaison entre l´apprentissage dans la salle de classe avec le monde réel. C´est ce que nous propose la méthode Montessori de l´italienne Maria Montessori, médecin et psychiatre qui s´est intéressée aux étudiants et malades mentaux de l´école. L´école Montessori prospose des méthodes pour toutes les phases du dévelopment de l´enfant jusqu´à l´âge adulte: 0 à 3 ans, 3 à 6 ans, 6 à 9 ans, 9 à 12 ans, 12 à 15 ans et 15 ans à 18 ans. La méthode makers Montessori englobe toutes les disciplines et vise à opérer ce lien essentiel dans le cerveau de l´étudiant notamment: savoir et réel.

Projet Montessori #1: le drapeau français

Le drapeau tricolore:

Le drapeau de la France, le drapeau tricolore bleu, blanc, rouge, également appelé « drapeau ou pavillon tricolore », est l'emblème national de la République française. Il est le drapeau de la France sans interruption depuis 1830. Il est mentionné dans l'article 2 de la Constitution française de 1958. Ce drapeau aux proportions « 2:3 » (deux tiers, deux pour la hauteur, trois pour la longueur) est composé de trois bandes verticales bleue, blanche et rouge de largeurs et de longueurs égales.

Le bleu est associé aux rois de France et figure très tôt dans leurs armoiries fleurdelisées.

Le blanc, c´est la croix de Saint-Michel. Croix guerrière représentée en croix latine ou en bande.

Le rouge, c´est la croix des anglais sur fond blanc lors de la croisade vers la terre sainte.

Projet Scolaire Artistique Montessori #1: Le drapeau français avec du papier en soie coloré

Les étudiants auront à faire le drapeau français comme une toile d´artiste. Pour ce faire ils auront besoin de ce matériel. Comme le drapeau est tricolore, il peut être représenté comme un tableau d´art abstrait. Le tableau sera monté avec du papier en soie monochromatique déchiré en carreaux et collé aprés avoir été coloré par la peinture gouache. Cette technique de découpage et collage rappelle le tableau de l´escargot de Matisse qui a introduit des techniques d´art abstrait assez faciles et simplifiée à reproduire vu les problèmes de vision qu´il avait.

Le matériel:

- Une toile de 2,70 m X 2.70m
- 3 feuilles de papier en soie bleu, rouge et blanc
- De la colle
- Des ciseaux
- Une règle
- Gouache bleue, blanche, rouge
- Des pinceaux

Connections

- O Art
- O Culture
- O Langue

Le drapeau de la France.

Le drapeau de La France, technique de découpage du papier en soie, gouache sur toile.

Projet Montessori #2: Le jardin du Luxembourg

C´est un jardin ouvert au public et qui s´étend sur 23 hectares dont 21 qui sont ouverts au public. Situé au 6° arrondissement de Paris et sert comme jardin de passage pour arriver jusqu´au musée du Louvre. Lieu de rendez-vous de prédilection des Parisiens et de touristes qui y viennent pour profiter des parterres de fleurs multicolores, des sculptures et des fontaines.

Le jardin possède une partie à la française située dans l´axe du palais et des parties à l´anglaise du côté de la rue Guynemer. Entre les deux s´étend la forêt géométrique des quinconces. À ces trois zones bien différenciées s´ajoutent, au sud, les pelouses et un verger de pomologie située en face du lycée Montaigne.

Plusieurs artistes impressionnistes se sont interessés à la nature et au paysage, Leur préoccupation nouvelle et majeure était de capturer le soleil dans leur toile et de le représenter par des touches de pinceaux assez touffus. Des artistes comme Renoir, Van Gogh, Henri Rousseau et plus tard Henri Matisse ont tous fait des toiles du jardin de Luxembourg.

Nous avons choisi ici la toile de Henri Matisse qui est de loin la plus simplifiée en terme de technique de captation et de représentation des couleurs de la nature comme seul sujet de la peinture. Sa toile Les jardins du Luxembourg, 1901 atteste le goût marqué de Matisse pour les couleurs actives et pour la simplification et déconstruction du paysage ce qui annonce déjà son adhésion au fauvisme plus tard. Il s´est beaucoup inspiré de son contemporain Gaugin et possédait même quelques uns de ses tableaux.

Les étudiants auront à reproduire le jardin la luxembourg de Matisse en suivant les instructions ici-bas mentionnées.

Le matériel:

- 1 feuille de papier canson blanche A3
- 1 Crayon
- Une éponge
- Une aquarelle en couleurs similaires à la peinture de Matisse
- Un pinceau de taille moyenne
- Gros sel
- Gouache verte, bleue, blanche.

Connections

O Art

O Culture

O Langue

Photo du jardin du Luxembourg d´Henri Matisse

Le jardin du Luxembourg, en aquarelle

Projet Montessori #3: La coiffure des rois au temps de la monarchie

Les rois devaient portaient des cheveux feints dits perruque. De tout temps la chevelure donnait du pouvoir et marquait de l´autorité. On dégrade un roi de son rang si on lui coupe ou rase les cheveux. Le port de la perruque longue a commencé avec le Roi Louis XIII qui a commencé à perdre ses cheveux et a eu besoin de porter une perruque. Les médecins, les procureurs et les artistes n´allaient visiter les gens qu´avec leurs perruques. Seul le clergé était resté récalcitrant au port de la perruque parce que ça ne combinait pas à l´austérité de l´église.

Les perruques au début étaient blondes puis noires et brunes. Elles étaient aussi longues et frisées.

Projet Montessori: Collage du portrait de Louis XIV

Le matériel:

- Une feuille de papier canson blanche, taille A3
- Un crayon
- Bâton de colle
- Une feuille de papier beige
- Une feuille de papier noire
- Crayons de couleurs
- Le scotch masquage beige
- Papier végétal
- Papier carbon

Connections

O Art O Culture

O Langue O Mode

Le Roi Louis XIV

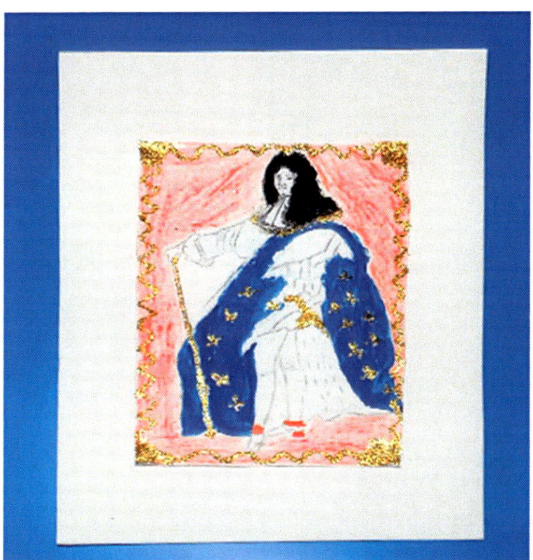

LOUIS XIV (1638-1715). ROI DE FRANCE DE 1643 À 1715, Dessin en Aquarelle

Projet Montessori #4:
La pyramide du Louvre

Sous la présidence de François Mittérand, on decide de construire une pyramide en verre pour servir d´entrée au musée du Louvre. Le choix de la pyramide comme entrée du musée donne directement accès à l´importante collection d´antiquités égyptiennes et garantit la richesse et l´apport culturel de cette culture égyptienne faite de Pharaons riches et de leurs amours des statues en pierre. À sa base, la pyramide mesure **35,42 mètres de largeur, pour 21,34 mètres de hauteur. 95 tonnes d'acier et 105 tonnes d'aluminium** soutiennent le tout. La pyramide, la plus grande est faite de vitre décoré par des lozanges en fer et sert d´entrée au sous-sol du musée.

Le Matériel:

- Une maquette blanche pour faire la pyramide
- Le glitter gris pour reproduire les lozanges
- Une base en papier turquoise
- Gouache bleue, blanche
- Glitter doré

Connections

O Art

O Culture

O Langue

O Architecture

La maquette d' isopor de la pyramide du Louvre

Projet Montessori #5: La carte de Paris

Paris est la capitale de la France. C´est une ville qui a plus de dix millions d´habitants qui viennent de partout dans le monde. On y trouve des espagnols, des portugais, des allemands, des arabes, des anglais, des américains et bien sûr dans la plupart des franciliens. Ce qui fait l´intérêt de Paris c´est sa division par la rivière la Seine en deux rives: La rive droite au nord et donc le Paris moderne et la rive gauche au sud et donc le vieux Paris.

Administrativement Paris est divisée en 20 arrondissements. Le numéro de l´arrondissement sert comme indication de la concentration des monuments culturels, de la concentration des riches ou des imigrés mais aussi de la localisation des centres d´affaires.

Les monuments majeurs de Paris sont concentrés des deux côtés de la seine, ce qui veut dire sont divisés entre le nouveau Paris et le vieux Paris.

Du côté nord, nous avons des monuments concentrés au long de la rue de rivoli au 1° arrondissement comme La pyramide du Louvre et le musée du Louvre, L´Arc de Triomphe, La Seine, Le Centre Pompidou, La Place de la Concorde et le Grand Palais. Du côté gauche, nous avons la Cathédrale Notre Dame, La Tour Eiffel, le Quartier Latin et la Sorbonne.

Matériel

- Un papier canson crème A3
- Un Crayon
- Une aquarelle
- Des crayons de couleurs: bleu-ciel pour la rivière et un crayon marron pour les 20 arrondissements
- Des crayons craies de cire pour les monuments
- Une règle
- Forme des arrondissements en cercle ou en coquille d´escargot
- Numérotez les arrondissements en numéros romains
- Division en format irrégulier en taille et en forme géométrique

Connections

O Art

O Culture

O Langue

O Technologie

O Géographie

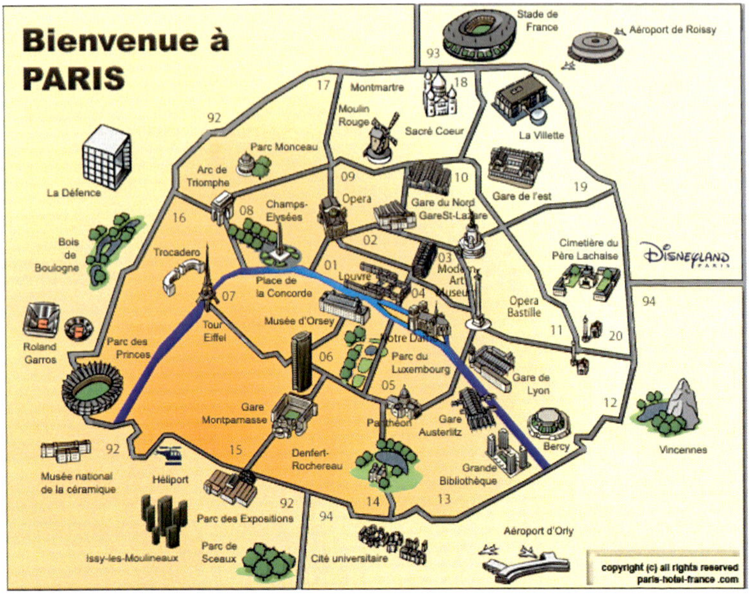

La carte de Paris et de ses arrondissements.

Carte des arrondissements de Paris en aquarelle.

Des Rues, des Arrondissements et des Monuments

Rive droite, rue de Rivoli:

1. Le Louvre
2. Notre Dame
3. Musée des Arts et Métiers
4. Hôtel de Ville de Paris-Matignon
5. Lycée Henri IV
6. Théâtre de l´Odéon
7. La Tour Eiffel
8. l´Arc de Triomphe
9. Galerie Lafayette
10. Place de la concorde
11. Centre Pompidou
12. Musée de Bercy

Rive Gauche, Boulevard Saint-Germain

13. La Sorbonne
14. Le Notre Dame
15. La Tour Montparnasse
16. Quartier chic et la Défense
17. Arc de Triomphe et le Bois de Boulogne
18. Le Sacré Coeur
19. La Fontaine aux Lions
20. Quartier de la Villette

Projet Montessori #6: La Maison Française

Pour parler des maisons françaises et de leurs architectures, on ne peut pas ne pas parler de l´Histoire de l´Architecture en France. L´architecture classique française est issue de l´admiration et de l´inspiration de l´Antiquité des grecs et romains reconnus comme des références exemplaires dans la matière. L´architecture classique française se caractérise par une étude des proportions héritées de l´Antiquité et par la recherche des compositions symétriques. Les lignes nobles et simples sont recherchées ainsi que l´équilibre et la sobriété du décor. Elle représente un idéal de l´ordre et de raison. On ne peut visiter Paris sans noter la symétrie du jardin de Luxembourg, les lignes de l´Arc de triomphe, les fenêtes rectangulaires à carreaux, le Louvre et sa structure basse et plate.

En ce qui concerne les maisons urbaines françaises on ne peut pas ne pas noter un goût marqué pour la pierre qui est plus coûteuse mais on utilize des substitus moins chers aujourd´hui comme le béton. Les maisons urbaines ont ou des toits brisés ou en Mansart, des toits en carène tandis que les manoirs et les hôtels ont des toits à l´impériale. Les portes sont aveugles sans fenêtres et sont faites de panneaux. En campagne il y a un goût marqué pour les maisons en bois avec des toits en charpente equilatéral.

Voilà une maison dans la campagne parisienne. Elle se distingue par son toit en briques, sa structure en pierre et ses fenêtres en vitres rectangulaires, larges et avec un petit balcon.

Nous allons reproduire le tableau du peintre Eduard Manet dans le tableau: Le balcon. La scène du balcon avec Manet et les deux femmes mais nous allons étendre cette scène et faire une maison parisienne en papier avec 3 fenêtres et un toit en briques.

Le matériel:

- Une boîte de papier avec 20 cm de largeur e 20 cm de longueur. Derrière la boîte, on trace 2 rectangles avec une règle, laissant une marge de 1,25 cm aux alentours. Les 2 rectangles ont une largeur et une longueur de 5 cm. On coupe et on retire les deux rectangles.
- Peindre la boîte en noir de l´intérieur et de l´extérieur. Laisser sécher.
- Dessiner e papier-carton la figure des deux femmes et de l´homme. Utiliser le papier en soie et les serviettes de papier en dentelle pour faire les vêtements des deux femmes. Peindre le visage et les cheuveux avec de la peinture.
- Papier canson blanc A-3
- Couper le papier en 8 cm de longueur et 1.5 de largeur. Couper 4 morceaux identiques pour fair eles persiennes.
- Faites 2 bandes longues de papier pour faire les grades du balcon.
- 5 bandes de papier pour compléter le balcon. Les mettres croisées.
- Faire deux cercles pour reproduire le motif de la balustrade du balcon.
- Peindre les bandes en gris et les persiennes en vert
- Dessiner une chaise faite de papier. Couper la chaise et la coler au dedans de la boîte. Mettez les 3 figures en papier dans la maison en papier près de la fenêtre. Les femmes sont assises sur la

chaise et une soutient um parapluie de coquetel et l´autre un éventail en papier

- Mettez les persiennes dans les deux fenêtres ainsi que les grades su balcon.
- Pour faire le toit en briques. Couper le papier canson en forme de briques oranges 1cmX1,5cm. On les colle une à côté de l´autre et on les juxtapose en forme de toit en briques en dessus de la maison à balcon qui rappelle le photocopier la toile d´Eduard Manet au balcon.

Connections

O Art

O Culture

O Langue

O Architecture

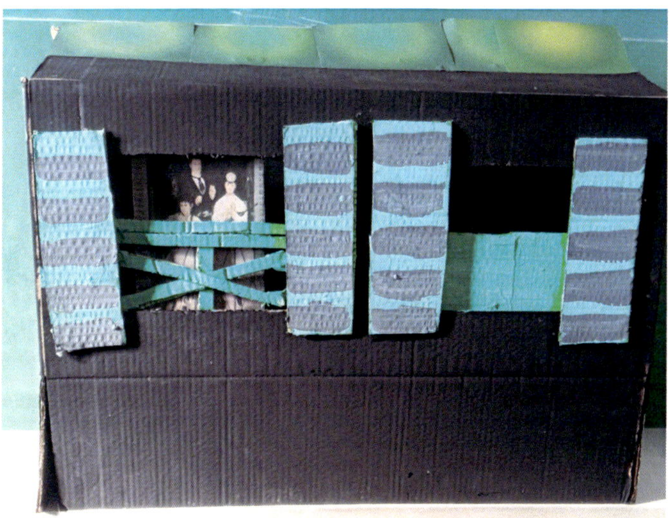

Maison française, scène du balcon d´Edouard Manet, toit en charpentière et peinture en gouache

Projet Montessori #7: Le Vin et la Viticulture en France

La viticulture en France trouve ses sources à l´époque de la colonisation grecque. La France étant l´un des pays de l´héritage latin, le vin fait partie intégrante de sa culture. À l´encontre de la bière dont la préparation prend une journée: préparée le matin, elle est bue le soir. L´élaboration du vin, elle, exige une plus grande maîtrise. Ainsi le vin n´était pas consommé par le peuple, il marquait le prestigie des plus riches.

La France possède de nombreux vignobles, ayant chacun des sols, des pratiques culturelles et une histoire différente. Ces caractéristiques définissent le terroir. Le nom du terroir dont le vin est isssu est indiqué sur l´étiquette de la bouteille. Voilà une liste complète des vins produits dans les différentes régions de France:

- Alsace
- Beaujolais
- Bordelais
- Bourgogne
- Champagne
- Charentes
- Corse
- Jura
- Languedoc-Roussillon
- Lorraine
- Lyonnais
- Provence
- Savoie-Bugey
- Sud-Ouest
- Val de Loire
- Vallée du Rhône
- Normandie
- Bretagne
- Île-de-France
- Picardie
- Nord-Pas-de-Calais
- La Réunion
- Tahiti
- Gouache verte, rouge, blanche, jaune

Le Nom de Vins Français

- Le Merlot
- Le Malbec
- Le Bordeaux
- Le Beaujolais
- Le Muscatel
- Don Pérignon
- Veuve Clicquot
- Côtes des Rhones
- Corbières
- Château Margaux
- Pavillon Rouge du château Margaux

Le matériel:

- Une maquette rectangulaire pour représenter un vignoble
- 6 pieds de vignes artificielles en plastiques
- Des raisins en plastiques
- Une bouteille recyclables peinte avec l´étiquette adhésive faite à l´ordinateur du vin français de votre choix.

Connections

O Art

O Culture

O Langue

L´Art du Vin

Projet scolaire maker et design de <u>l´Art du vin</u>:

L´Art du Vin, dessin et peinture en gouache

Projet Montessori #8: La carte des fromages français en aquarelle

La France a plus de 1200 variétés de fromage consommés par les gens locaux et produits dans différentes régions du pays. Le fromage français fait à partir du lait et du beurre danois est tout le temps présent dans l´alimentation des français et dans les produits gastronomiques industrialisés. Le fromage de terroir liés aux traditions régionales est l´illustration de l´esprit français. Le fromage comme le vin est un produit culturel qui porte le nom de la région où il est produit:

Le roquefort, le camembert, le brie, le maroilles, le beaufort, le crottin de Chavignol, le munster, le carré, l´Emmental, la Raclette, La vache qui rit, le petit chèvre, Le Gruyère, ect.

Un vrai repas français se déroule comme ceci:

- Entrée
- Plat
- Fromage et/ou dessert

Lors d´un repas de fête, la tradition française veut que le salé soit consummé avant le sucré. Ceci dit, le plat principal est servi suivi de la salade et du fromage. Le dessert lui suit après.

Les Français sont de grands consommateurs de fromage. Un Français consomme 26 kg de fromage par an! Lors des apéritifs, le fromage est mangé dans des verrines, des croissants, des brochetes, des canapés et autres mignardises. En plat unique, les plats montagnards hivernaux offrent des raclettes, des tartiflettes et la fondue sont des plats à base de fromage et donc ideal pour ce marché.

Au jour le jour, il n´y a pas cette séquence traditionnelle dans les repas et souvent le fromage est consommé avec une salade, dans un sandwich ou servi comme um apéritif.

Le matériel:

- Dessiner la carte de la France sur un papier cartoline 32 cm X 30 cm
- Une aquarelle
- Indiquer les régions suivantes sur la carte: La Normandie, La Bretagne, L´Auvergne, Le Midi, L´Aquitaine, Le Limousin, La Bourgogne, La Champagne, La Provence
- Dessiner quelques fromages français

Note: Les étudiants ou l´école peut aussi organiser une dégustation des fromages français dont les étudiants ont parlé pendant le cours.

Connections

O Art

O Culture

O Langue

La photo de <u>La Carte des Fromages Français</u>.

Le Fromage et les Français, Carte géographique en aquarelle des régions productrices du fromage

Table des matières

UNITÉS	• OBJECTIFS	JEUX ET PROJETS
1 Acrostiches **Les poèmes-cortège**	• Définition des poèmes acrostiches et exemples • Lecture des poèmes • Découvertes de poètes	Les étudiants s´essaient à faire des poèmes acrostiches à partir de thèmes donnés **PROJETS** Les Poèmes acrostiches composés par les étudiants vont au journal de classe
2 Poèmes cortèges à rimes	• Types de rimes en poésie • Poèmes à phrases interrogatives et exclamatives • Lecture de poètes de la poésie française	Faire un poème cortège Faire des rimes riches et croisées des mots donnés Faire un douzain à phrases interrogatives et exclamatives **PROJETS** Publication dans le journal du cours

3 Figures de style	• Définitions des métaphores • Définitions des allitérations • Définitions des Assonances • Lecture de poèmes de la poésie française	Relevé des métaphores Relevé des Allitérations Relevé des Assonances Coloriage des Assonances et Allitérations **PROJETS** Faire des Vers avec des métaphores Faire des Allitérations Faire des Assonances
4 Jeu de l´oie	• Données sur le jeu • 1 Plateau sur la phonétique et la prononciation • 1 Plateau sur les entretiens d´embauche • 1 Plateau sur les verbes irréguliers • 1 Plateau sur les expressions idiomatiques	Jouer à deux ou à quatre **PROJETS** Faire d´autres plateaux

6 Théâtre	• Lecture de textes et scènes théatrales • Répétition des scènes et production	Jouer les scènes après de les avoir répétées **PROJETS** Production théâtrale sur scène
7 Texte à trous	• Textes littéraires: le Mariage de Figaro, Madame Bovary, L´Étranger, L´Adieu d´Alissa	Remplir les cases vides avec le vocabulaire du tableau **PROJETS** Faire un livret sur l´ordinateur d´un chapitre de Madame Bovary de Gustave Flaubert

9 Grammaire	• Identification des noms communs féminins et masculins • Identitication des noms communs neutres • Identification des noms communs homonymes	Jeu de cartes et articles définis singuliers et pluriels Jeu de coloriage des noms homonymes et noms propres Jeu d´escargot des noms qui changent de radical au féminin Jeu de coloriage des noms propres et noms communs dans des textes et des plaques de rues **PROJETS** Reproduire les jeux autant que l´on veut
10 Récit narratif	• Récit narratif et ses étapes • Lectures d´extraits de Choderlos de Laclos, de Madame de Sévigné et de Montesquieu	Interruption du récit et rédaction de la suite **PROJETS** Travailler son écriture et son imagination d´auteur

11 Champs lexicaux	• Essai sur • l´identification des thèmes d´une oeuvre littéraire • Définitions des champs lexicaux en littératures	Jeu de coloriage des champs lexicaux qui se relationnent Jeu de chasser l´intrus dans les champs sémantiques donnés Graphiques en feuille d´arbre de 6 champs sémantiques à remplir avec un lexique qui se relationne **PROJETS**
		Écrire une dissertation sur un champ sémantique de l´oeuvre au programme

12 Histoire de la République Française	• La Monarchie Française d´Henri IV à Louis XVI: données historiques • La Révolution de 1789 avec Napoléon Bonaparte • Les apports de Napoléon • Les Républiques françaises I à V	Jeu de mémoire des figures de la monarchie française Jeu de coloriage: séléctionner la bonne réponse Jeu d´ordre chronologique Jeu du Vrai et Faux **PROJETS** Faire un dossier sur les apports des différents présidents de la République française Choix d´une figure de l´Histoire et faire la présentation en cours
13 Charades	• Résolution de 27 charades • Lecture de données sur la formulation des charades	Travailler à deux pour résoudre les charades En reformuler d´autres Découpage syllabique Synonymes et contraires **PROJETS** En reformuler d´autres

14 Locutions figées	• Locutions de langue mordante • Locutions sarcastiques • Locutions de flatterie • Locutions de libertinage sadique • Lecture de données sur l´esprit français	Remplir les tableaux des expressions idiomatiques et les utiliser en contexte En trouver d´autres dans le dictionnaire Interculturel **PROJETS** Cartes de communication et jeu de rôles
15 Pléonasme	• Qu´est-ce qu´un pléonasme • Pléonasme d´erreur et pléonasme d´emphase	Jeu de cartes de combinations de pléonasme d´emphase considerés corrects Exercice de sélection: Vrai/faux **PROJETS** Faire d´autres cartes de combinations à pléonasme

16 Résumer un texte	• Consignes pour résumer un texte • Textes d´annonce publicitaire • Texte scientifique • Essai sur le Night Marketing	Texte modèle montrant la version résumée Faire des résumés oraux et écrits **PROJETS** Cartes des textes résumés
17 Mots à préfixes	• Jeu nuages des mots à préfixes: signification et formation de nouveaux mots • Préfixes et jeu de loto • Jeu de préfixes éparpillés • Jeu de cartes de mots à préfixes • Jeu du tapis des mots à préfixes et combinations	Identifier les différents préfixes du français Enrichir le vocabulaire Préfixes d´intensité, de sympathie, de réaction, d´antériorité et de postériorité **PROJETS** Rédaction de textes utilisant les différents types de préfixes appris

18 Projets Montessori	• Culture et Monuments Français • Interdisciplinaire: Art, Culture et langue française • Programme d´échange avec les écoles et universités françaises	Travailler en groupe à faire des maquettes des monuments étudiés **PROJETS** Faire des recherches additionnelles utilisant la bibliothèque et Internet Développer des talents artistiques et Présentationnels Exposition des maquettes faites La pyramide du louvre La maison française Le jardin du Luxembourg Les vignobles Le fromage français et régions Paris et ses arrondissements: Cartes.

CRÉDITS PHOTOGRAPHIQUES

ChrisAussillou.com/Louvre,p.182

br.images.search.yahoo.com/cartedeParis

183,amazon.fr, p.110/Les Liaisonsdangereuses,

Vie-publique.fr/portraits p. 140,

Gettyimages.fr/premières dames, p.141,

Getty images.fr/le drapeau tricolore p. 174,

Gettyimages.fr/le portrait de Louis XIV,p.180,

Gettyimages.fr/plaquesderues, p.97,

Gettyimages.com/cartedesvignobles, 191,

Gettyimages.com/baromètre, p117,

Gettyimages.com/cardiaque, p.117,

Gettyimages.com/Chlorate, p.117,

Gettyimages.com/Chromatique, p.117,

GettyImages.com/Didactique, p.117,

br.images.search.yahoo.com/pavillon, p.188,

Gettyimages.com/bimensuel, p.117,

Gettyimages.com/biscuits, p.117,

GettyImages.com/lejardinduLuxembourg, p.178,

br.images.search.yahoo.com/cartedesfromages, p. 197,

Pinterest.fr/L´Artduvin, p. 194

Gettyimages.fr/cartesdesruesdeParis, couverture

INDEX

OEUVRES LITTÉRAIRES

THÈMES ABORDÉS

France

Villes Principales

ME-UNI
Lille-Roubaix-Tourcoing
BELGIQUE
Béthune
Douais-Lens
Valenciennes
ALLEMAGNE
Havre
Rouen
Metz
Reims
Cergy-Pontoise
Paris
Nancy
Strasbourg
Seine
Orléans
Mulhouse
Angers
Tours
Dijon
Châteauroux
SUISSE
Poitiers
Roanne
Clermont-Ferrand
Lyon
Saint-Étienne
Grenoble
ITALIE
Bordeaux
Avignon
Sophia Antipolis
Nice
Arles
Montpellier
Toulouse
Marseille
Toulon
Mer Méditerranée

FONTENELE
PUBLICAÇÕES
www.editorafontenele.com.br